Meine liebsten Low-Carb-Rezepte

systemed

Über die Autorin

Die gebürtige Odenwälderin Bettina Meiselbach startete mit einem betriebswirtschaftlichen Studium in das Berufsleben. Nach 25 Jahren im Personalmanagement und einem Burn-out später krempelte sie 2014 ihr Leben komplett um. Sie entdeckte die Low-Carb-Ernährung für sich, warf fast 60 Kilogramm Gewicht ab, wies ihre Diabetes-Typ-2-Erkrankung in die Schranken und ließ den alten Job hinter sich. Die begeisterte Hobbyköchin und Ernährungsexpertin begann den Blog HappyCarb.de zu schreiben – der sich schnell zu einem der meistgelesenen Low-Carb-Blogs im deutschsprachigen Raum entwickelte. Der dann folgende Schritt zur Buchautorin war danach nur noch ein ganz kleiner.

Wichtiger Hinweis: *Das vorliegende Buch berichtet von den persönlichen Low-Carb-Erfahrungen der Autorin und bietet eine Reihe von, nach Meinung der Autorin, gesunden Rezeptideen. Das Buch ersetzt jedoch keine medizinische Beratung. Bei Bedarf sollte vor einer kohlenhydratreduzierten Ernährungsumstellung ein Arzt konsultiert werden. Die Autorin übernimmt von daher keine Haftung oder Verantwortung für eventuell entstehende Schäden.*

Inhalt

Vorwort

1. VORWORT

Juchuuuuuuu. Da ist es endlich. Vor Freude könnte ich einen Purzelbaum schlagen. Es wurde aber auch wirklich allerhöchste Zeit für das wunderschöne Buch, das Sie in Händen halten.

Falls Sie mich noch nicht kennen, Sie finden mich auch unter www.happycarb.de im Internet. Auf meinem bunten Blog schreibe ich seit August 2014 über meinen eigenen Low-Carb-Weg und darüber, wie ich in den vergangenen Jahren mal kurz mein komplettes Leben von innen nach außen gekehrt habe. Ach ja – und dabei etwa 60 Kilogramm Körpergewicht verloren habe.

Meinen Blog startete ich 2014, als Motivationshilfe und Verarbeitungsinstrument aus einer gesundheitlichen und beruflichen Krise heraus. Nie war geplant, dass aus Happy Carb irgendwann Bücher werden oder ich sogar aus meinem neuen Hobby einen Beruf mache. Ganz klein begann ich vor mich hin zu kochen und zu schreiben, doch nach und nach wurden immer mehr Menschen auf mich aufmerksam.

Meine Leser/innen waren es dann auch, die immer lautstärker nach meinen Rezepten in Buchform gefragt haben. Irgendwann konnte ich die Rufe nicht mehr ignorieren, und die Dinge nahmen ihren Lauf. Herausgekommen ist ein liebevoll gestaltetes Kochbuch voller leckerer Rezepte, die meinen Leser/innen und mir wunderbar schmecken und die immer wieder gerne gekocht werden.

Sie werden schnell merken, welche Geschmacksrichtungen ich gerne mag und vielleicht auch Lebensmittel vermissen, die sich in diesem Kochbuch nicht finden lassen. Das ist unvermeidlich, denn alles, was Sie sehen, wurde bei mir daheim in der kleinen Happy-Carb-Küche fabriziert, fotografiert und dann natürlich auch gefuttert. Ergo gibt es auch nur Dinge, die meinem Gaumen schmecken. Aber ich bin ja zum Glück relativ flexibel.

Ich warne Sie besser vor, denn ich bin weder gelernte Köchin noch bin ich eine perfekte Food-Stylistin, und das Fotografieren war noch nie mein Ding. Aber wissen Sie was, das macht nichts. Alles was es braucht, ist Leidenschaft und Liebe für die Dinge, die man im Leben tut. Ein wenig Kreativität und Fleiß schaden auch nicht, und am Ende kommt ein tolles Kochbuch heraus.

Sie können also sicher sein, dass alle Gerichte bei Ihnen genauso und vielleicht sogar noch besser aussehen als bei mir. Schmecken tut es allemal gut. Denn meine Rezepte, von denen etwa die Hälfte von meinem Blog stammen, wurden schon x-fach nachgekocht und haben den Praxistest meiner Leser/innen überstanden.

Ich mag übrigens gerne unkomplizierte Gerichte, die schnell gekocht sind. Sicher genügt das nicht immer den höchsten kulinarischen Ansprüchen. Aber mein Motto lautet: Hauptsache lecker. Wissen Sie, ich habe einen Schrank voller Kochbücher mit Rezepten, die ich nie gekocht habe, und ich wollte mein eigenes Kochbuch unbedingt kochbar machen.

Nur beim Backen sieht die Welt etwas anders aus, das hat auch mit den Zutaten in der Low-Carb-Backstube zu tun. Aber keine Angst, was es gibt und was es braucht erfahren Sie später. Fangen Sie erst mal mit den Low-Carb-Basics an. Gemüse, Gemüse, Gemüse sag ich da nur.

Mit Happy Carb können Sie die ganze Familie am Tisch vereinen. Selbst Kinder quietschen vor Freude auf, wenn es einen Berg von Gemüse in Form der legendären Cheeseburgersuppe gibt. Das Rezept finden Sie auf Seite 72, nur falls Sie schnell mal einen Blick riskieren wollen.

Von daher hoffe ich, dass ich mit meinem Geschmack auch Ihren Geschmack treffe und wir in Gedanken gut gelaunt, gemeinsam schmausend, an einem Tisch sitzen.

Ganz viel Freude beim Stöbern und vor allen Dingen beim Nachkochen. Über Rückmeldungen zu meinen Rezepten freue ich mich immer ganz besonders. Genau dafür ist ein Blog nämlich da. Guten Appetit!

60 Kilogramm weniger auf der Waage! Wie ist das denn passiert?

2. 60 KILOGRAMM WENIGER AUF DER WAAGE! WIE IST DAS DENN PASSIERT?

Genau das frage ich mich gelegentlich auch. Wenn Sie sehr viele Jahre überdurchschnittlich viel Gewicht mit sich herumgetragen haben und den einen oder anderen erfolglosen Kampf gekämpft haben, dann fühlt es sich unwirklich an, auf einmal in eine Hose in Größe 40/42 zu passen. Klingt vielleicht immer noch nach »nicht dünn«, aber das war auch nicht mein Ziel. Vor drei Jahren trug ich das Modell Zirkuszelt in Größe 54 und die 40 hatte ich nicht mehr für möglich gehalten.

Was ist in der Zwischenzeit passiert?

Im Sommer 2013 war ich körperlich und seelisch am Ende. In Folge von Dauerstress und negativen Erlebnissen am Arbeitsplatz war ich in einer Erschöpfungsdepression gelandet. Ich war als Personalleiterin im Niedriglohnsektor tätig, und viel unerfreulicher kann ein Job kaum sein. Der Körper und der Kopf zogen die Reißleine. Pawumm, Burn-out vom Feinsten, und ausgerechnet mich, die sonst immer brav funktioniert hatte, hat es erwischt. Ich verstand die Welt nicht mehr und wollte nicht wahrhaben, was da mit mir passierte. Versteinert saß ich daheim und wartete einfach, bis der Tag vorbei war. Lohnt überhaupt ein weiterer Tag?

Fragen, die damals in meinem Kopf umherkreisten

Einen Großteil meines Frustes am Arbeitsplatz hatte ich mit Essen kompensiert, was mich über Jahre zu einem Kampfgewicht von stolzen 132 Kilogramm gebracht hat. Dazwischen immer wieder noch dicker diätet mit den Ratschlägen, die die einschlägigen Frauenzeitschriften so auf Lager hatten. Mein Kopf gierte nach Kohlenhydraten, um den stressbedingt hohen Verbrauch bedienen zu können und ich gab meinem Körper, was er verlangte. Stress, überhöhte Cortisolwerte, aus der Norm geratener Blutdruck, Blutzuckerkurven, die Tango tanzen, und eine dauerhaft hohe Insulinausschüttung waren das Ergebnis. Dazu hatten die vielen Jahre des Überfressens zur Folge, dass mein Darm geschädigt war und ich über mehrere Jahre unter Dauerdurchfall litt. Es war am Ende fast schon egal, was ich gegessen habe. Nichts ist mir bekommen und das bei permanenter Fresslust.

Es musste ein Richtungswechsel her.

Mein Hausarzt hat diese Abwärtsspirale deutlich wahrgenommen und hat dann auch die Bremse gezogen, und zwar in Form einer stationären Reha, die ich dankbar angenommen habe. Ich spürte innerlich, dass ich dem Tod näher bin als dem Leben, wenn ich nichts ändere. Herrje, ich war damals 44 Jahre alt und hatte jede Lebensenergie verloren.

Doch in der Reha kam der nächste Paukenschlag: Diabetes Typ 2 wurde festgestellt. Herzlichen Glückwunsch. Nüchternzuckerwert von 242 und ein Langzeitwert von 9,2. Die Diabetiker unter Ihnen wissen, was das bedeutet. Ein manifester Typ-2-Diabetes lag vor und damit eine lebenslange ernsthafte Erkrankung, an deren Folgen heutzutage viele Menschen sterben. Ein stiller Killer war geweckt, und ich musste mir dazu noch an die eigene Nase greifen. Denn am Ausbruch der Krankheit war ich schließlich nicht ganz unschuldig.

Wie gut, dass ich in einer Reha war, die auf Burn-out, Adipositas und auch Diabetes eingerichtet war. Also genau für so eine Großbaustelle, wie ich es damals war. Gut, dort heißt es eleganter >>multimorbide Patientin<<, was es für mich aber nicht besser machte. Die Klinik setzte übrigens stark auf die Reduzierung von Fett. 30 Gramm Fett pro Tag waren maximal erlaubt, dafür aber reichlich Kohlenhydrate.

Ein natürlicher Reflex in mir stellte diese Vorgehensweise aber infrage. Wie konnte es sein, dass, wenn ich ein deutliches Problem mit einem Makronährstoff (Kohlenhydrate) habe und diesen eindeutig nicht gut verstoffwechseln kann, ich mir genau diesen absichtlich und in großen Mengen zuführen soll? Das widersprach meinem gesunden Menschenverstand und ich begann mich schon in der Reha damit zu beschäftigen, was es denn jenseits der schulmedizinischen Vorschläge noch an Möglichkeiten gibt. Und so landete ich bei meiner Recherche bei der kohlenhydratreduzierten Ernährung und stolperte über die LOGI-Methode – hinein ins Low-Carb-Universum. Feuer und Flamme legte ich los und stellte meine Ernährung auf weniger Kohlenhydrate in Verbindung mit hochwertigem Eiweiß und gesunden Fetten um.

Gemüse, Gemüse, Gemüse wurde mein Mantra.

Die Erfolge der kohlenhydratreduzierten Ernährung blieben nicht lange aus. Das Gewicht purzelte ganz beständig, und die Blutzuckerwerte wurden immer besser. In Verbindung mit regelmäßiger Bewegung und auch mit gezielter Entspannung kam die Lebensfreude zurück, und mit jedem Kilo weniger wurde die Lebensqualität besser. Meine Dauerdurchfälle blieben aus, und ich fühlte mich auch vom Kopf her wieder klarer, klarer denn je. Hatte ich früher immer das Gefühl, als wäre ich hinter einem Schleier und von der Welt abgeschnitten, wurden meine Sinne wieder scharf und der Kopf begann zu rattern. Und all das, weil ich etwas machte, das ich eigentlich nicht machen sollte. Meine Ernährungsberaterin aus der Reha würde heute sicher die Hände über dem Kopf zusammenschlagen, wenn sie sehen würde, was ich esse. Ja, ich liebe Gemüse, aber ich liebe auch Frischkäse, Eier und Kokosöl.

Wie gut, dass ich gerne aus der Reihe tanze und meinen eigenen Weg gehe.

Die Prognose aus der Reha, dass ich wahrscheinlich binnen eines Jahres neben dem Metformin auch Insulin spritzen muss, habe ich widerlegt. Inzwischen bin ich frei von Medikamenten und habe meiner Diabetes-Erkrankung erst einmal eine lange Nase gezeigt. Mein Gewicht hatte sich binnen 18 Monaten um fast 60 Kilo reduziert und all das ganz einfach, mit leckerem Essen und ganz viel Genuss. Meine eigene Low-Carb-Interpretation machte diese Metamorphose möglich.

Happy Carb sei Dank.

Mit der neu freigesetzten Energie warf ich mein bisheriges Leben über den Haufen. Ließ den verhassten Job zurück und stürzte mich in ein Abenteuer, was ich mich vorher nie getraut hätte. Ich machte einfach mal das, was ich wollte und nicht das, was man von mir erwartete. Pfiff auf Sicherheit und Bestandsschutz und packte mein Herz in die Hände. Mut zum Risiko und etwas Neues wagen. Total verrückt, dabei hatte ich eigentlich nur wieder angefangen zu leben.

Aber das Ergebnis all dessen halten Sie gerade in Händen. Und ich bin stolz darauf.

Den Mut und das Selbstvertrauen, ein Buch zu schreiben, hätte ich mit kohlenhydratgeschwängerten Gedanken nie gefasst. Als wären mein Gehirn und meine Gedanken damals vom Zucker verkleistert gewesen. Manchmal braucht es einfach einen bösen Schubs, um das Leben zu verändern. Mein Schubs tat weh und hat mich in eine tiefe Krise gestürzt. Aber jede Krise ist eine Chance, um gestärkt daraus hervorzugehen. Denken Sie daran, wenn es gerade vielleicht mal nicht so gut läuft. Jetzt ist ein guter Moment, nach vorne zu schauen und das Leben in die Hand zu nehmen. Diese Entschlossenheit habe ich damals entwickelt und habe mich von meinem Weg nicht mehr abbringen lassen. Auch wenn es zwischendurch schwer wurde oder ich stolperte.

Schritt für Schritt dem Ziel entgegen.

Wenn Sie mehr über mich und meinen holprigen Weg ins Glück lesen möchten, dann lege ich Ihnen mein Buch »Diabetes Typ 2 – nicht mit mir!« an Ihr Herz. Nicht nur für Diabetiker interessant, sondern für jeden Menschen, der sich gesünder mit weniger Kohlenhydraten ernähren möchte.

Unterwegs im Low-Carb-Universum

3. UNTERWEGS IM LOW-CARB-UNIVERSUM

Bevor ich Ihnen darlegen werde, wie ich Low-Carb für mich interpretiert habe, unternehme ich eine Reise mit Ihnen durch das Low-Carb-Universum. Denn wenn Sie denken, Low-Carb ist eben Low-Carb, dann sitzen Sie im Raumschiff der Außerirdischen vom Planeten »weiß nix« und sind auf dem Weg in ein schwarzes Loch. Das kann ich natürlich auf keinen Fall so lassen, und ich beame Sie ganz einfach mal schnell zurück in den Low-Carb-Orbit.

Falls Sie meinen Blog nicht kennen und sich gerade wundern. Alles ist gut. Ich bin gerne manchmal etwas galaktisch unterwegs.

Erst einmal besagt Low-Carb nämlich nur, dass in dieser Ernährungsweise die Zufuhr an Kohlenhydraten niedriger ist, also reduziert wird. Für nicht mehr und auch nicht weniger steht Low-Carb oder auch die Abkürzung LC. Es gibt keine offizielle Definition, in welchem Umfang die Kohlenhydrate reduziert werden müssen oder mit welchen Lebensmitteln das geschehen soll. Auch wenn einige Low-Carber das sicher anders sehen und gerne ihre eigene Low-Carb-Variante zur Gesetzmäßigkeit erheben.

Es gibt kein Low-Carb-Gesetz!

Das Low-Carb-Universum ist groß, und es gibt eine Vielzahl von Planeten, die sich jeweils in der Ausgestaltung der Zufuhr der Makronährstoffe unterscheiden. Oftmals nur durch die absolute Anzahl der Kohlenhydrate, manchmal auch durch die Qualität in Kombination mit der Menge an Kohlenhydraten. Wieder andere haben darüber hinaus noch gesonderte Vorgaben, was die Fett- und/oder Eiweißzufuhr angeht. Ob ketogen, LCHF, Lutz-Diät, Schlank im Schlaf, LOGI, Dukan ..., alles Low-Carb-Planeten mit jeweils unterschiedlichen Lebensbedingungen.

Wir bewegen uns dabei im Low-Carb-Universum ganz großzügig in einem Spektrum von 20 Gramm bis hin zu 150 Gramm Kohlenhydraten pro Tag. Im Vergleich zu den annähernd 300 Gramm Kohlenhydraten in unserer westlichen modernen Ernährung, können wir sowohl bei 20 Gramm als auch bei 150 Gramm von weniger Kohlenhydraten, demnach von Low-Carb sprechen.

Low-Carb ist nicht gleich Low-Carb.

Sie können sich sicher vorstellen, dass auf dem Planeten Keto mit etwa 20 Gramm Kohlenhydraten pro Tag der Teller anders gefüllt sein will als auf dem Planeten LOGI, wo man auch noch jenseits der 100 Gramm Kohlenhydrate nicht weggebeamt wird. Auf einigen Planeten herrschen spezifische Regeln, dass z. B. keine Lebensmittel mit mehr als 10 Gramm Kohlenhydraten in 100 Gramm gegessen werden. Auf anderen Planeten gelten die nicht. Dort wird im Gegenzug unabhängig vom Kohlenhydratgehalt einzelner Lebensmittel, nur auf die Tageszufuhr geachtet. Missverständnisse unter den Low-Carbern sind so vorprogrammiert, und gelegentlich gibt es ein galaktisches Feuerwerk und einen Krieg der Sterne.

Ernährungsfragen sind oft heikler als Religionsansichten.

Jedoch besteht Einigkeit im Low-Carb-Universum, dass es im Rahmen der kohlenhydratreduzierten Ernährung sinnvoll ist, Lebensmittel mit sehr vielen Kohlenhydraten deutlich zu reduzieren. Insbesondere Zucker und Getreide meiden alle Low-Carb-Formen weitestgehend. So sind Süßigkeiten, zuckerhaltige Getränke, Pasta, Brot und Co. auf fast allen Planeten verpönt, zumindest wenn diese nicht aus Low-Carb-geeigneten Bestandteilen gefertigt wurden.

Die Wahl, welcher Low-Carb-Planet der richtige für Sie ist, treffen Sie. Grundlage für die Entscheidung können gesundheitliche Bedürfnisse sein oder eben auch ganz einfach der Wunsch nach einem bunt gefüllten Teller. Sie wollen Heißhunger ausschalten und den Körper dazu zwingen, möglichst viel Fett zu verbrennen? Dann orientieren Sie sich in Richtung der knapper bemessenen, strengeren Low-Carb-Formen: ketogene Ernährung oder auch streng Low Carb High Fat bieten den gesundheitlichen und abnehmtechnischen Vorteil der Ketose, bei der das Gehirn über den Fettstoffwechsel, das heißt mit sogenannten Ketonkörpern, mit Energie versorgt wird. Im Gegenzug müssen Sie dafür aber mit umfangreicheren Einschränkungen leben bzw. die Aufteilung zwischen Kohlenhydraten/Fett/Eiweiß genau im Auge behalten.

Je weniger Kohlenhydrate, desto mehr Aufmerksamkeit braucht die Ernährung.

Unter Umständen kommt für Sie aber auch eher eine moderatere Kohlenhydratzufuhr infrage, so wie das etwa bei der Lutz-Diät (70 bis 80 Gramm Kohlenhydrate), bei LOGI oder auch bei verschiedenen anderen Low-Carb-Arten der Fall ist. Auch mein Happy Carb ordne ich wegen der mittleren Kohlenhydratzufuhr in den Bereich der moderaten Low-Carb-Varianten ein, die nicht zwingend den Stoffwechselzustand der Ketose zum Ziel haben. Dadurch kommt mehr Abwechslung und Farbe auf den Teller, dazu entfällt das genaue Überwachen der Zusammenstellung der Nährstoffe. Es kommt da auf ein paar Kohlenhydrate mehr oder weniger nicht an.

Jede Low-Carb-Variante ist gut, wenn sie korrekt und mit Verstand umgesetzt wird.

Sie möchten gerne – ohne die Makronährstoffe zu überwachen – bunt essen, mit viel Gemüse und auch der einen oder anderen Portion Obst? Super. Das passende Kochbuch halten Sie schon in Händen. Aber selbst wenn Sie sich für eine strengere

Form von Low-Carb entscheiden, finden Sie in meinem Buch jede Menge Ideen, die Sie mit kleinen Veränderungen anpassen können. Etwas mehr Fett hier und etwas weniger Kohlenhydrate dort, schon passt das auch in Ihr Konzept.

Der Happy-Carb-Urknall.

Neben den bekannteren Low-Carb-Planeten gibt es noch unzählige kleine Planeten, die sich alle irgendwo dazwischen tummeln. Und so ein kleiner Miniplanet ist eben auch mein Happy-Carb-Planet, wo ich Low-Carb für mich interpretiert und umgesetzt habe. Peng hat es gemacht und ein kleiner Urknall hat Happy Carb geboren. Ganz nach meinem persönlichen Geschmack und an meinen Bedürfnissen orientiert. Diese Freiheit hat eben jeder. Das ist ja gleichzeitig auch das Schöne an Low-Carb, weil die Ernährungsweise jede Menge persönliche Freiheiten erlaubt, dazu aber einiges an Wissen voraussetzt.

Ihnen sagt Happy Carb nichts? Dann sollten wir das dringend ändern.

Mein Happy-Carb-Prinzip

4. MEIN HAPPY-CARB-PRINZIP

Bei meinen Überlegungen, wie ich meine eigene Low-Carb-Variante ausgestalten will, habe ich mich von verschiedenen Planeten des Low-Carb-Universums inspirieren lassen. Mein Happy-Carb-Prinzip schwebt irgendwo zwischen Lutz und LOGI, mit einem kleinen Einschlag von Dukan, dessen Erkenntnisse zur Relevanz des Nahrungseiweißes und der Haferkleie mich zusätzlich inspiriert haben. Auch die schwedische Variante LCHF (Low Carb High Fat) hat mich inspiriert, gerade was die Wichtigkeit des unberechtigterweise verpönten Nahrungsfettes angeht.

Ich will immer alles. Weniger tut es nicht.

Als ich mich mit unterschiedlichen Ernährungsweisen und Methoden zur Gewichtsreduzierung und zur Bekämpfung meiner Diabetes-Erkrankung beschäftigt habe, wollte ich wie immer alles:

- Ich wollte auch weiterhin lecker essen und mich auf mein Essen freuen können.
- Ich wollte nicht hungern müssen, sondern wollte mich zufrieden satt essen.
- Ich wollte nichts abwiegen und nichts abzählen müssen.
- Ich wollte nicht nach festgelegtem Plan essen müssen, sondern weiterhin nach Lust und Laune flexibel bleiben.
- Ich wollte so schnell wie möglich sehr viel abnehmen.
- Ich wollte meine Diabetes-Erkrankung mithilfe der Ernährung im Zaum halten.
- Ich wollte nicht stundenlang in der Küche stehen, um komplizierte Gerichte zuzubereiten.
- Ich wollte einfache Regeln, die ich einhalten muss und wollte keine studierte Ernährungswissenschaftlerin werden müssen.
- Ich wollte eine Ernährungsweise, die ich auch nach erreichtem Traumgewicht ohne Probleme beibehalten kann, um mein Gewicht langfristig zu halten.
- Ich wollte regelmäßige Bewegung mit in mein Leben integrieren, aber mit Spaß und ohne Frust und quälenden Zwang.

Unmöglich? Die Quadratur des Kreises? Dachte ich damals auch, als ich die ganzen Ernährungsratgeber durchgeackert habe und immer wieder an etwas hängen geblieben bin, das mir nicht passte. Dann mache ich mir die Low-Carb-Welt eben so, wie sie mir gefällt. Und das habe ich mit Happy Carb dann auch getan.

Mein Happy-Carb-Prinzip beinhaltet keine feste Beschränkung der täglichen Kohlenhydrate, jedoch gibt es Grenzen, die ich mir selbst gesetzt habe und innerhalb derer ich flexibel variieren und agieren und meinen Speiseplan gestalten kann.

Mein Happy-Carb-Prinzip

Hier erst einmal zur Übersicht in kurzer knapper Form, was sich hinter meinem Happy-Carb-Prinzip verbirgt, mit dem ich mein kleines Wunder vollbracht habe:

Kohlenhydrate einschränken auf eine Menge von 50 bis 100 Gramm pro Tag.

Bevorzugt essen: reichlich buntes Gemüse und Salat, gelegentlich Hülsenfrüchte wie Linsen, Bohnen und Kichererbsen, zuckerarmes Obst in kleinen Mengen (max. 200 Gramm pro Tag), Haferkleie und daraus hergestellte Backwaren, Nussmehle, Zuckeraustauschstoff Erythrit und Stevia.

Vermeiden zu essen: Getreideprodukte, Weizen, Dinkel, Roggen, Hafer (außer meiner geliebten Haferkleie), Nudeln, Backwaren, Reis, Kartoffeln, Mais, verschiedene Zucker/arten (enden mit -ose), Bananen, Trauben, Trockenobst, Süßigkeiten und ewig haltbare Fertiggerichte mit langen Zutatenlisten.

Eiweiß reichlich essen in einer Menge von 1 bis 1,5 Gramm Eiweiß pro Kilogramm Normalgewicht (Körpergröße in Zentimeter – 100).

Das Eiweiß in Form von »magerem« Fleisch (auf das Fett zumindest während der Abnehmphase wegen der eingeschränkten Energiezufuhr achten) und jeder Sorte Fisch (dabei regelmäßig fetten Fisch wegen der Omega-3-Fettsäuren) verzehren. Milchprodukte während der Abnehmphase so fettarm wie möglich, aber so fett, wie es der gute Geschmack und die Qualität des Produktes erfordert. Häufig ist ein mittlerer Fettgehalt ein guter Kompromiss. Gerne Eier – und machen Sie sich nicht so viele Sorgen wegen des Cholesterins. Der Mythos des cholesterinerhöhenden Hühnereis ist inzwischen überholt. Hochwertiges Eiweißpulver als Zutat in der Küche erhöht die Zufuhr an Eiweiß, ohne mit vielen Kohlenhydraten oder Fett in Hülle und Fülle daherzukommen.

Gute Fette genießen, ca. 1 bis 1,5 Gramm pro Kilogramm Normalgewicht (Körpergröße in Zentimeter – 100).

Bevorzugen: Olivenöl, Kokosöl (Kokosprodukte), Avocados, Butter aus Weidemilch, Nüsse – besonders Macadamias – und Nussöle, natives Bio-Rapsöl, Leinöl.

Reduzieren: Sonnenblumenöl, Sojaöl, Maiskeimöl, Distelöl, Traubenkernöl.

Vermeiden: Transfette und industriell verarbeitete gehärtete Fette, die häufig in Fertigprodukten vorkommen.

Täglich 2 bis 3 Mahlzeiten, je nach Hunger und Mahlzeitengestaltung.

Dazwischen, wenn es Ihre persönliche Blutzuckersituation zulässt, nach Möglichkeit nicht essen. Nahrungspausen wie kleine Fastenzeiten einbauen, gerade in Zeiten des gewünschten Gewichtsverlustes.

Essen nur bei echtem Hungergefühl. Langsam essen bis zur Sättigung, aber nicht darüber hinaus.

Kalorienfrei trinken, mindestens 2 Liter pro Tag.

Fertigprodukte, Fertiggerichte und künstliche Geschmacksverstärker meiden.

Zuckeraustauschstoffe und Süßstoffe so wenig wie möglich.

2 kleine Kaloriensünden pro Woche bewusst einplanen und genießen.

Bewegung, aber regelmäßig.

Entspannung und Schlaf nicht vernachlässigen.

Sie sehen schon anhand der Bandbreiten bei den Makronährstoffen, dass genügend Spielraum da ist, die Ernährung abwechslungsreich und bunt zu gestalten. Kein Tag muss wie der andere aussehen. Eine bunte Palette von Lebensmitteln kann in den Speiseplan integriert werden.

Sie können auch über die Stellschrauben Kohlenhydrate und Fett die Kalorienzufuhr in Richtung Gewichtsverlust oder eben auch in Richtung Gewichtserhaltung drehen.

Lassen Sie uns Licht ins Dunkel bringen und ein Beispiel betrachten. Ich unterstelle ganz frech, dass Sie 1,70 Meter groß sind und aktuell 100 Kilogramm wiegen. Nur rein hypothetisch.

Ihre tägliche Kohlenhydratzufuhr: 50 bis 100 Gramm, was 205 bis 410 Kalorien entspricht (4,1 Kalorien pro Gramm).

Ihre tägliche Eiweißzufuhr: 70 bis 105 Gramm, was 287 bis 431 Kalorien entspricht (4,1 Kalorien pro Gramm).

Ihre tägliche Fettzufuhr: 70 bis 105 Gramm, was 651 bis 977 Kalorien entspricht (9,3 Kalorien pro Gramm).

Die denkbare Gesamtkalorienmenge pro Tag bewegt sich demnach zwischen 1.143 Kalorien und 1.818 Kalorien. Im Bereich der Gewichtserhaltung oder bei starker körperlicher Betätigung können Sie auch noch eine Schippe drauflegen.

Klingt jetzt aber doch nach kompliziertem Messen und Wiegen?

Nein, keine Angst, denn wenn Sie meinen einfachen Hinweisen zur Gestaltung der Ernährung folgen, landen Sie ganz automatisch bei einer Aufteilung der Makronährstoffe im gewünschten Bereich. Ohne groß zu wiegen und zu messen.

So einfach kann Low-Carb sein, wenn es Happy Carb ist.

Aber Achtung, man kann sogar trotz Low-Carb an Gewicht zulegen. Gerade die leckeren Kuchen und Knabbereien sind sehr gehaltvoll und schonen zwar den Blutzuckerspiegel, aber nicht zwingend die Hüften, wenn man das rechte Maß an Kalorien aus den Augen verliert. Low-Carb hin oder her!

Also immer Obacht mit den Extras. Zweimal pro Woche ist o. k.

Mir war einfach wichtig, dass die Ernährung durch die Einhaltung dieser schlichten Regeln sich automatisch sinnvoll gestaltet, ohne dass ich mich selbst mit ständigem Überwachen der Nährwerte und der Energiezufuhr terrorisieren musste. Das Leben bietet doch schönere Dinge, als das eigene Dasein permanent zu überwachen und zu optimieren.

Der Ort des Geschehens: die Happy-Carb-Küche. Beim Zaubern von herrlichen Schmausereien lacht mein Herz vor Freude.

Warum überhaupt Low-Carb?

5. WARUM ÜBERHAUPT LOW-CARB?

- Spannt die Hose und das Spiegelbild signalisiert einige Kilos zu viel?
- Ihre Figur hat sich ungünstig verändert, ohne Gewicht zuzunehmen?
- Sie sind Typ-2-Diabetiker/in oder stehen kurz davor?
- Sie fühlen Sie sich nach kohlenhydratreichen Mahlzeiten oft müde und abgeschlagen?
- Sie haben Probleme mit ständigem Heißhunger?
- Lebensmittelunverträglichkeiten und ein beleidigter »Reizdarm« machen Ihnen das Leben schwer?
- Oder wollen Sie einfach »nur so« gesünder leben?

Was für ein verwegener Gedanke, oder?

Es gibt natürlich noch eine Vielzahl weiterer Gründen, die Ursache für Ihr Interesse an der Low-Carb-Ernährung sein können. Dazu gehören auch schwere Erkrankungen, wie z. B. Krebs oder Autoimmunerkrankungen wie Multiple Sklerose, Hashimoto oder Rheuma, bei denen Sie sich auf jeden Fall zusätzlich in die Hand von erfahrenen Fachleuten begeben sollten.

Low-Carb ist keine neue Errungenschaft!

Auch wenn Low-Carb häufig als Mode-Diät tituliert wird, ist das nicht korrekt. Im Prinzip nähern wir uns eher wieder unserem Ur-Zustand an, denn unsere Vorfahren konnten sich früher nicht so üppig am Colabaum laben und die Pastakeule schwingen. Die Kost war über lange Zeit karger und zugleich deutlich ärmer an Kohlenhydraten für uns Menschen. Dieser Umstand hat uns natürlich geprägt und unser Stoffwechsel hat sich diesem Zustand über einen langen Zeitraum angepasst.

Mal viel, mal wenig zu futtern und dann nur das Menü, das uns die Natur liefert. Heute ist die Welt ja eine ganz andere. Nur unser Körper ist da noch nicht angekommen, wo unser moderner Speiseplan heute ist. Der Stoffwechsel ist zwar ziemlich flexibel und belastbar, aber wenn es auf Dauer gegen die eigentliche Grundeinstellung geht, fängt er an zu meckern. Leider meckert unser Körper erst mal nur ganz leise. Da kommt der eine oder andere Speckring hinzu. Bewegung wird noch blöder als früher. Der Blutdruck steigt und die Blutfette geraten aus der Bahn. Mit jedem fetten Schub an Kohlenhydraten jault die Bauchspeicheldrüse auf, und häufig stellt sie irgendwann beleidigt die Arbeit ein.

Die Balance zwischen viel und wenig zu essen, und der Menge an blutzuckertreibenden Kohlenhydraten, ist im Vergleich zu früher aus dem gesunden Lot geraten.

Dazu haben sich auch unsere Bewegungsgewohnheiten gravierend verändert, was den Zustand doppelt schlimm macht. Wohin mit der üppig vorhandenen Energiequelle Kohlenhydrate, wenn keine Bewegung zur Verwertung erfolgt und die Muskeln mangels Bewegung verkümmert sind?

Was macht Low-Carb mit uns und unserem Stoffwechsel?

Alle Low-Carb-Ernährungsformen haben das Ziel, den Blutzuckerspiegel stabil zu halten und starke Blutzuckerschwankungen zu vermeiden. Aus den unterschiedlichen Kohlenhydraten in unserer Nahrung wird in unserem Körper verwertbare Glukose (Traubenzucker) gemacht. Diese Glukose wandert ins Blut. Je nachdem, wie viele Kohlenhydrate bzw. aus welcher Quelle die Kohlenhydrate stammen und in welcher Kombination diese gegessen werden, steigt der Blutzuckerspiegel an. Je mehr Kohlenhydrate gegessen werden, desto höher steigt der Blutzucker, und je »reiner« die Kohlenhydrate sind, desto rasanter der Anstieg. Zumindest sehr vereinfacht dargestellt. Und unser Körper reagiert auf den ansteigenden Blutzucker, denn ab einer bestimmten Konzentration im Blut wäre dieser gesundheitsgefährdend. Das muss verhindert werden. Also schüttet die Bauchspeicheldrüse das Hormon Insulin aus und die Glukose wird mit der Hilfe des Insulins in die Körperzellen geschleust und der Blutzucker auf diesem Weg reguliert.

Insulin begünstigt die Fettspeicherung.

So wichtig dieses Insulin auch ist, hat es gleichzeitig auch die unschöne Eigenschaft, dass es die Fettspeicherung begünstigt. Solange wir also Insulin im Blut haben, speichert der Körper und gibt keine Energie aus den Reserven frei. Wir nehmen so schwerlich an Gewicht ab, und wenn wir mehr Kalorien essen als wir sollten, dann hilft das Insulin, diese überschüssige Energie für schlechte Zeiten zu speichern.

Das ist auch gut so. Schließlich war genau das das Überlebensprogramm unserer Vorfahren. Im Sommer wurde geschlemmt und gespeichert und im Winter dann von den Fettreserven gezehrt. Blöd nur, dass bei uns in Sachen Ernährungszufuhr Dauerhochsommer herrscht. Natürlich ist das heute wunderbar, birgt nur auch einige Risiken.

Es dauert eine ganze Weile (etwa zwei Stunden), bis der Blutzucker wieder normal ist und das Insulin eine Pause macht. Bis, ja bis die nächsten Kohlenhydrate den Körper fluten. Dann beginnt das Spiel von vorne. In unserer modernen Durchschnittsernährung schieben wir regelmäßig Kohlenhydrate nach. Mit süßen Getränken, mit Keksen und, und, und. Ohne echte Pausen. Gerade diese zuckrigen Kohlenhydrate lassen den Blutzucker immer wieder hochschießen und die Bauchspeicheldrüse reagiert darauf, extrem aufgescheucht, mit der Ausschüttung einer großen Menge an Insulin. Gerade wenn auf den High-Carb-Schreck so viel Insulin unterwegs ist, dann saust der Blutzucker im Gegenzug in den Keller und es macht sich fieser Heißhunger breit. Vorzugsweise nach leckeren Kohlenhydraten, denn unser Gehirn hat dann gerade mit panischem Schreck bemerkt, dass die Lieblingsspeise Glukose knapp wird.

So futtert und trinkt man sich mit süßen Leckereien durch den Tag und unter Umständen nebenbei ganz schön fett. Die Kalorien rasseln bei dieser Art von Ernährung nämlich ohne große Sättigung schnell durch.

Diesen ungesunden Zustand gilt es, bei Low-Carb erfolgreich zu durchbrechen!

Weniger Kohlenhydrate in der Nahrung bedeuten:

- weniger Zickzack des Blutzuckers, bedeutet
- weniger Insulin im Blut, bedeutet
- weniger Heißhunger und das bedeutet
- weniger gegessene Kalorien
- und damit ein stabiles bzw. verringertes Körpergewicht.

Jaja, auch bei Low-Carb darf die Kalorienbilanz nicht komplett ignoriert werden. Aber ohne Heißhungerattacken und gut gesättigt mit viel Gemüse, ordentlich Eiweiß und einer guten Portion Fett, lässt sich die Zeit bis zur nächsten Mahlzeit zufrieden überbrücken. Kein 15-Uhr-Hungertief, das nach Keksen schreit, als wäre man das Krümelmonster persönlich.

Stets stabil gesättigt, lässt sich gut Körpergewicht verlieren. Wobei es sich bei Low-Carb um keine kurzfristige Reduktionsdiät handelt, sondern um eine langfristige und dauerhafte Ernährungsumstellung.

Aber, wenn Sie die Vorteile der Low-Carb-Ernährung erst einmal am eigenen Leib gespürt haben, geht es Ihnen hoffentlich wie mir und Sie wollen überhaupt nicht mehr wie früher.

Low-Carb ist ein Lifestyle und keine Eintagsfliege!

Genuss hat Happy-Carb-Vorfahrt

6. GENUSS HAT HAPPY-CARB-VORFAHRT

Essen und Genießen spielen in meinem Leben schon immer eine große Rolle. Auch das war Teil meiner großen Gewichtsprobleme. Aber eben auch der Teil, von dem ich mich nicht verabschieden wollte.

Weniger Kilos? Ja, so was von gerne!

Weniger Heißhunger? Immer gerne, sagt die Frau mit Rasenmäherappetit.

Mehr Nährstoffe und Vitamine? Aber hallo, her damit.

Gesündere Stoffwechselwerte? Den Doktor freut´s und mich natürlich sowieso.

Auf Genuss und Schlemmereien verzichten? Niemals. Geht überhaupt nicht.

Ich habe bei meiner Ernährung viel zum Positiven verändert, strebe jedoch keine absolute Perfektion an. Sie finden bei mir also mal Dinge, die nicht »clean« sind oder auch Lebensmittel, die nicht ganz gesund, aber dafür lecker sind. Das ist meine Übereinkunft, die ich mit mir selbst geschlossen habe und mit der ich sehr gut leben kann.

Das muss nicht jeder gut finden, aber ich schreibe auch niemandem vor, wie und was er zu essen hat. Ich mache nur Vorschläge und zeige, was ich gerne auf dem Teller habe und was bei mir funktioniert. Alle Menschen mit Eiweißpulverphobie, Süßstoffpanik und auch die Fettangsthasen müssen bei mir an der einen oder anderen Stelle im Buch einfach weiterblättern und es für sich eben anders machen. Das ist doch prima so. Aber selbst für die gibt es hier ebenfalls noch genug zu entdecken, was Gaumen und Magen erfreut.

Wir sind doch alle erwachsen und treffen unsere eigenen Entscheidungen.

Genuss ist Lebensqualität und sollte deshalb bei jeder Ernährungsform im Vordergrund stehen. Nicht jedes Lebensmittel muss einer Norm entsprechen oder muss irgendwelche Gesundheitserwartungen erfüllen. Ohne Gesundheit ist alles nichts. Da sind wir uns sicher einig. Aber Gesundheit ist auch kein Wert, dem man die Lebensqualität und Lebensfreude vollständig unterordnen darf. Es geht um einen Kompromiss, beidem so gut es geht, gerecht zu werden.

Happy Carb ist mein Versuch dessen.

Und Low-Carb ist definitiv kein Low-Spaß, auch wenn ich hin und wieder das Gefühl habe, dass gerade das Madigmachen und die maßlose Mäßigung der Lieblingssport einiger Menschen geworden ist. Ständiges Kontrollverhalten und der Verzicht auf dieses und jenes hat zur Folge, dass diese Menschen irgendwann das Gefühl haben, am Leben vorbeizuleben. Das dann zwar toll fit und super optimiert, aber immer mit dem Gefühl, dass man sich Genuss erst verdienen muss, oder sich diesen besser gleich komplett verbietet. Sie können gerne einige Dinge anders machen als ich, aber mir meinen Weg madig zu machen, schaffen Sie nicht. Ich brauche Flexibilität und nicht das enge Korsett einer extrem reglementierten Ernährung, die permanent überwacht werden muss.

Dafür braucht Happy Carb keine Smartphone-App, sondern mehr Sensibilität für die eigenen Bedürfnisse und ein Augenmerk darauf, was der Körper jeweils braucht und was auch mal einfach nur der Seele gut tut.

Genuss und Gesundheit müssen sich nicht ausschließen. So zumindest mein persönlicher Eindruck, weil ich nichts entbehre. Das liegt aber sicher an meinem heute doch sehr entspannten Umgang mit meiner Ernährung und weniger daran, dass ich Kohlenhydrate einzusparen oder nicht einzusparen als glücks- oder sinnstiftend empfinde. Die Dinge sind, wie sie sind. Auch die Unterteilung in gute und böse Lebensmittel lehne ich ab. Die Dosis macht das Gift. Wenn ich am Wochenende eine halbe Tafel (vorzugsweise dunkle) Schokolade esse, dann erfreue ich mich voller Genuss daran und bin glücklich, dass ich die 20 Gramm Zucker in meinem »Happy-Carb-Budget« locker unterbringen kann. Dann waren es eben an dem Tag 100 Gramm Kohlenhydrate und keine 80 Gramm. Das geht ganz ohne vermeintliche Krise mit fürchterlichen Gewissensbissen sehr gut und ist in meinen Augen gesünder, als sich ständig zu grämen.

Das schlechte Gewissen kann mich mal und nur so funktioniert Ernährung für mich langfristig. Im Zweifel ist es manchmal auch einfach gut, dem Genuss die Vorfahrt zu lassen und das dann bewusst zu zelebrieren. Tot sind wir noch lange genug! Egal, womit wir uns kasteien, rettet es uns nicht das Leben. Keine Ernährungsform macht unsterblich. Aber mit viel Genuss munter und gesund möglichst alt werden, dafür können wir etwas tun.

Und wenn es das Schicksal nicht gut mit uns meint, dann haben wir wenigstens gut gegessen.

Jetzt aber bloß nicht philosophisch werden.

Happy-Carb-Küchentipps

7. HAPPY-CARB-KÜCHENTIPPS

Kochen ist schon immer meine Leidenschaft. Wobei auch da wieder das Bodenständige und Rustikale in mir durchkommt. Ungern stehe ich ewig in der Küche und habe dann nur fünf Krümel auf dem Teller. Ich werde gerne satt und das Fassungsvermögen meines Magens ist beeindruckend. Nur falls Sie sich wundern, welche Gemüsemengen in meinen Rezepten vorkommen.

Mein Abnehmgeheimnis und Gesundheitselexier lautet: Gemüse, Gemüse, Gemüse!

Das dann aber auf leckerste Art und Weise und immer in Kombination mit sättigendem Eiweiß und gesunden Fetten. So und nicht anders funktioniert mein Happy-Carb-Prinzip.

Also mussten Kochrezepte her, die den lebenslangen Langzeittest überstehen und die mir auch nach fünf Jahren und 25-mal kochen immer noch super schmecken.

Meine Kochphilosophie ist ganz einfach:

- lecker, lecker, lecker
- bunt und frisch
- gesund und nährstoffreich
- alltagstauglich und einfach zu kochen
- regional und saisonal so oft es geht

Nicht Low-Fun, sondern Happy Carb ist die Devise!

Echte Lebensmittel und weniger künstliche Mischungen aus dem Chemiebaukasten sind der Mittelpunkt meiner Happy-Carb-Rezepte. Das gelingt nicht immer völlig, aber wer will schon langweilig perfekt sein. Ich lebe gerne 80/20. Schon immer. Früher habe ich 80 Prozent Sachen gegessen, die ich besser nicht gegessen hätte und 20 Prozent gesunde Kost. Heute esse ich immer noch 80/20. Nur eben 80 Prozent gesunde Kost, natürlich und zusatzstofffrei und bei den restlichen 20 Prozent bin ich etwas toleranter.

Da darf dann es eben auch mal ein chemischer Süßstoff oder ein Backwerk mit Eiweißpulver sein. Jeder, der lieber bei 100 Prozent Natur bleiben will, gerne, finde ich super. Aber für mich ist das ein alltagstauglicher leckerer Kompromiss, mit perfektem Ergebnis.

Ich arbeite in der Küche auch gerne mit »halbfertigen« Produkten, wie Pesto, Ajvar oder diversen Currypasten. Beim Kauf der Produkte schaue ich immer darauf, dass die Zusammensetzung meinen Ansprüchen genügt. Das ist nicht immer ganz einfach und dazu nicht ganz billig. Gerade wenn ich da an ein gutes Pesto mit Olivenöl denke und nicht auf der Basis von Sonnenblumenöl, wie so oft im Handel zu finden. Natürlich mache ich diese halbfertigen Produkte auch häufig selbst (Rezepte dazu auf meinem Blog), aber manchmal muss es eben schnell gehen und dann ist für mich ein gut gekauftes Produkt ebenfalls akzeptabel.

Vielleicht haben Sie ja genau wie ich noch ein Leben außerhalb der Küche.

Kurz einige Worte zu den Fetten und Ölen in meiner Küche. Es finden sich immer ein gutes natives Kokosöl (kein übliches Kokosfett) und ein hochwertiges Olivenöl nativ extra in Griffweite. Dazu liegt immer eine schöne Weidebutter im Kühlschrank und auch ein Leinöl steht dort kühl. Brate ich sehr heiß an, dann bevorzuge ich Kokosöl. Alle anderen Gerichte brate ich in Olivenöl an. Ja ich weiß, soll man angeblich nicht. Wobei ich Olivenöl nur auf mittlerer Hitze zum Braten nehme und dann meist das Öl nicht im Topf warm werden lasse, sondern in den bereits erhitzen Topf gebe und das Bratgut direkt hinterher. Da entstehen keine Hitzespitzen, die das Öl zum Rauchen bringen können. Ganz so empfindlich ist das Olivenöl dann doch nicht. Nur bitte keine Rauchzeichen mit Öl fabrizieren. Das ist nicht gesund.

Für Mayonnaise greife ich übrigens gerne zu Avocadoöl oder auch zu Rapsöl. Wenn ich zweimal pro Jahr etwas frittiere, dann verwende ich Butterschmalz.

Kochen nach eigenem Geschmack.

Ich will Ihnen keine engstirnigen Vorschriften machen. Nein, meine Rezepte dienen als Vorlage für diejenigen, die nicht so gerne frei Schnauze kochen, sondern das sichere Gerüst eines Rezepts für die Umsetzung brauchen. Außerdem sollen meine Rezepte natürlich auch eine Inspiration sein, selbst eigene Ideen in der Küche zu entwickeln. Kein Rezept von mir ist so gut, dass Sie es nicht nach eigenem Gusto noch verbessern könnten.

Und wenn Sie jetzt denken, dass ich sicher eine besonders gut ausgestattete Küche habe, so mit allem Furz und Feuerstein und Staubsaugerküchenmaschinen, dann muss ich Sie enttäuschen. Ich bin mir sicher, dass Ihre Küche ähnlich durchschnittlich ausgestattet ist wie meine. Es gibt also keine Ausrede mehr, meine leckeren Rezepte nicht nachzukochen. Mit Freude am Genuss und mit normalen handwerklichen Fähigkeiten in der Küche ist es möglich, tolle Sachen zu zaubern. Dazu müssen Sie wirklich nicht zum Sternekoch mutieren.

Braucht es Spezialwerkzeug?

An speziellen Gerätschaften sollten Sie sich etwas zulegen, das Ihnen hilft, Gemüse in eine nudelige Form zu bringen. Zudeln (Zucchininudeln) und Nudeln aus Kohlrabi, Steckrübe, Kürbis und Karotte sind bei Low-Carb ein großes Thema. So auch bei mir. Sogenannte Spiralschneider gibt es in unterschiedlichen Größen, je nachdem, was Sie vorhaben. Die Anschaffung lohnt durchaus, denn vorgefertigte Gemüsenudeln aus dem Supermarkt sind unverhältnismäßig teuer.

Der Blumenkohl als kohlenhydratarmer Tausendsassa.

In der Happy-Carb-Küche wird häufig mit grob geraspeltem Blumenkohl gearbeitet. Der ultimative Low-Carb-Reisersatz, aus dem ratzfatz ein Blumisotto, eine Blumisagne oder ein Blumigoreng wird. Ja, selbst meine leckere Paella basiert auf der Allzweckwaffe, dem geraspelten Blumenkohl.

Was ich viel und häufig brauche und wo die Herstellung noch mit einem gewissen Aufwand verbunden ist, arbeite ich gerne vor. Wenn also Blumenkohl im Sonderangebot ist, schleppe ich ein halbes Dutzend davon in die heimatliche Küche und jage sie durch die Küchenmaschine. Sie können natürlich auch händisch häckseln, oder eine Vierkantreibe verwenden, aber nehmen Sie sich in Acht. Finger im Essen muss nicht sein. Es heißt Blumisotto und nicht Blutisotto.

Die rohen Blumenkohlraspel friere ich übrigens in 500 bis 600 Gramm Packungen ein. Perfekt, um jederzeit auf die Schnelle ein tolles Low-Carb-Gericht zaubern zu können.

Da schimmert so ein wenig meine Bequemlichkeit durch.

Wenn Sie jetzt denken: Die Frau hat gut reden, die hat ja schließlich jede Menge Zeit, dann will ich kurz noch einige Tipps geben, wie Sie Zeit und Geld sparen können. Ich mag zwar Zeit haben, bin aber am Ende doch eher etwas faul und schaue auch einfach mal gerne Löcher in die Luft oder studiere ausgiebig die Wolken am Himmel. Machen Sie sich einen Wochenplan für das Essen. Sie können so die Einkäufe besser organisieren und doppelte Wege vermeiden. Füllen Sie Ihren Vorratsschrank intelligent. Auch ohne akuten Einkauf muss genug da sein, um ein kulinarisches Low-Carb-Feuerwerk zu zünden.

- Geben Sie sich den saisonalen Gemüsen hin und frieren Sie passend Vorräte ein.
- Kochen Sie doppelte Mengen und frieren Sie Essensrationen ein. Viele Suppen und Eintöpfe schmecken aufgewärmt eh besser.
- Backen Sie Brot und Brötchen auf Vorrat.

Am Wochenende brauche ich meine Brötchen und freue mich auf ein ausgiebiges Frühstück. Handelsübliche Brötchen fallen weg, und die fertigen Eiweißbrote und -brötchen mag ich nicht. Meist vollgestopft mit Soja und Weizenkleber (Gluten), einfach nicht meine Kragenweite. Ich weiß inzwischen gerne, was drin ist. Mein Tiefkühler ist daher immer mit mehreren Sorten selbst gebackener Brötchen gut bestückt. Ich schöpfe bei meinen Backeinheiten jeweils die maximale Belastungsgrenze meiner Küchenmaschine aus. Wenn ich statt zehn gleich 20 Brötchen backe, bin ich wieder eine Weile versorgt. Ich bekenne, auch hier nach dem ökonomischen Prinzip zu arbeiten: mit geringstem Aufwand das bestmögliche Ergebnis erzielen.

Nur ohne Tiefkühler wäre ich echt aufgeschmissen.

Die Happy-Carb-Vorratshaltung

Folgende Lebensmittel habe ich immer griffbereit:

Im Kühlschrank

- Quark, 20 % Fett
- Frischkäse
- Hüttenkäse
- Weidebutter
- Bio-Eier
- Parmesan
- Mozzarella
- Gouda, mittelalt
- Cheddar, herzhaft (aus Weidemilch von der grünen Insel)
- Griechischer Joghurt, 10 % Fett
- Feta
- Weidemilch
- Leinöl
- Räucherlachs
- Stremellachs
- gekochter Schinken
- Bacon in Scheiben

Obst und Gemüse

- Zwiebeln/Knoblauch
- Karotten
- Paprika, rot
- Zucchini
- Kohlrabi oder Steckrübe
- Avocado
- Kirschtomaten
- Beeren der Saison
- Apfel

In der Tiefkühltruhe

- Himbeeren, ungezuckert
- Heidelbeeren, ungezuckert
- Sauerkirschen, ungezuckert
- Mango, ungezuckert
- Erbsen
- Blattspinat
- Junger Spinat, gehackt
- Brokkoliröschen
- Gefrorene Kräuter
- Hähnchenschenkel
- Putenschnitzel
- Lachsfilets
- Garnelen
- geraspelter Blumenkohl (selbst gemacht)
- verschiedene selbst gemachte Pestos, in kleinen Gläsern eingefroren
- Brot und Brötchen, selbst gemacht
- Essensreste, portionsweise eingefroren

In der Vorratskammer

- Tomatenmark, einfach konzentriert
- Geschälte Dosentomaten
- Olivenöl, nativ extra
- Kokosöl
- Heller Balsamicoessig
- Zuckerfreier Ketchup
- Pesto Rosso
- Basilikumpesto
- Ajvar, pikant
- Harissapaste
- Senf, mittelscharf
- Rote Linsen
- Beluga-Linsen
- Kidneybohnen in Dosen
- Sojasauce, hell und dunkel
- Currypaste, rot und gelb
- Thunfisch, in eigenem Saft
- Kokosmilch
- Kokosmus
- Mandelmus
- Erdnussmus
- Macadamias, geröstet und gesalzen
- Bitterschokolade, 85 % Kakao
- Kakaopulver
- Erythrit als Zuckerersatz
- Stevia-Streupulver mit Erythrit als Zuckerersatz

Gewürze

- Curry
- Paprika, scharf
- Thymian
- Oregano
- Majoran
- Tellicherry-Pfeffer
- Gyrosgewürz
- Gemüsebrühepulver, ohne Geschmacksverstärker

Low-Carb-Backen: Zutaten und Tipps

9. LOW-CARB-BACKEN: ZUTATEN UND TIPPS

Wenn Ihre Augen nach Begutachtung der Backrezepte größer werden, weil Ihnen manche Zutaten exotisch vorkommen, dann will ich hier in diesem Kapitel auf die Kür der Low-Carb-Küche eingehen: das Backen.

Vorweg noch ein Hinweis in Sachen Backformen. Bei meinen Rezepten werden Backformen unterschiedlicher Größe verwendet. Als besonderes Schmankerl fallen die Kuchen meistens klein aus, nämlich mit 18 bis 20 cm Durchmesser. Quiches oder auch Brote sind häufig in »normalen« Formen gebacken. Jedes Rezept enthält eine Info, welche Backformgröße verwendet wurde. Sie können natürlich kleine Rezepte verdoppeln und auch normale Größen halbieren. Passen Sie die Mengen einfach Ihren Backformen an.

Wahrscheinlich erschlägt Sie gleich die Menge der Zutaten, die ich in meinen Rezepten verwende. Würde mich auch schrecken, wenn ich nicht schon einige Jahre Low-Carb auf dem Buckel hätte und die Zutaten inzwischen ganz selbstverständlich verwenden würde.

Sehen Sie, früher hatte ich mehrere Sorten kohlenhydratreicher Mehle daheim. Da war das klassische Typ 405 Weizenmehl, ich hatte ein gröberes Weizenmehl, ein »gesundes« Dinkelmehl und natürlich noch italienisches Typo 00 Mehl, um perfekte Nudeln zu machen. Dann gab es auch damals schon mehrere Süßmittel und, und, und. Eigentlich nicht viel anders als heute, nur dass die Namen andere sind und der Kohlenhydratgehalt unterschiedlich ist. Was für Sie heute vielleicht noch »exotische« Zutaten sind, die Sie sich beschaffen müssen, ist für mich bereits Normalität. Wollte ich heute jedoch einen kohlenhydratreichen Kuchen backen, müsste ich mir die dafür notwendigen »Spezialzutaten« erst beschaffen. Da würde es mich dann nerven, wenn ich zehn unterschiedliche Sachen bräuchte.

Alles eine Frage der Perspektiven.

Keine Angst, Sie werden eine neue Zutat nicht nur für ein Rezept kaufen und dann nie wieder brauchen. Alle Zutaten brauchen Sie in meinen Rezepten immer wieder. Ich will die Packungen hier im Schrank schließlich auch verbrauchen und entwickle ständig neue Ideen, die dann auf meinem Blog und in meinen Büchern landen.

Dazu betone ich erneut, dass Low-Carb eine langfristige Ernährungsumstellung ist und alle Zutaten auf Dauer regelmäßig gebraucht werden. Da habe ich für herkömmliche Backwaren früher öfter Zutaten gekauft, die ich nur einmal gebraucht habe und dann nie wieder. Wegwerfen tue ich heute weniger. Das relativiert so ein wenig den höheren Preis der Low-Carb-Backzutaten.

Ich habe in der Vergangenheit durchaus mit wenigen Zutaten experimentiert. Mein Vorratsschrank ist dabei langsam gewachsen. Aber eine Erkenntnis, die ich gewonnen habe, lautet, dass ein in meinen Augen gutes Low-Carb-Backergebnis häufig nur durch die Mischung verschiedener Zutaten möglich wird. Die Erfahrungen und Rückmeldungen meiner Leser/innen bestätigen dies. Das Omega-3-Brot – Rezept Seite 195 – wird zum Beispiel von vielen meiner Leser/innen für eines der besten Low-Carb-Brote gehalten. Glauben Sie mir, meine Leser/innen haben oft schon eine Odyssee an selbst gebackenen, jedoch missglückten Low-Carb-Broten hinter sich und wissen, wovon sie reden.

Es geht natürlich auch sehr gut ohne Brot.

Nur, es bringt nichts, Low-Carb für einen kurzen Zeitraum zu testen und sich gleich komplett mit Backzutaten einzudecken. Kommen Sie erst einmal Low-Carb an und beschäftigen Sie sich später mit den Low-Carb-konformen »Nachbauten«, wie man so schön sagt!

Übrigens, sind auch Low-Carb-Backwaren kein Freifahrtschein für den unbegrenzten Verzehr. Eines kann ich Ihnen versichern: Die Low-Carb-Nussecken – Rezept Seite 236 –, so toll sie auch schmecken, halten sich bei übermäßigem Verzehr auch am Hintern fest.

Wenn Sie früher der Kuchen mit Kohlenhydraten dick gemacht hat, weil Sie davon zu viel gegessen haben, dann kann das heute der Low-Carb-Kuchen genauso gut.

Ändern Sie Ihre Gewohnheiten.

In meiner inneren Ernährungspyramide stehen Low-Carb-Kuchen und andere gehaltvolle Backwaren ganz oben in der Spitze. Das entspricht einer deutlichen Reduzierung im Gegensatz zu meiner früheren Ernährungsweise. Dazu musste ich aber einige lieb gewonnene Gewohnheiten verändern.

Bitte immer daran denken: Low-Carb ersetzt nicht automatisch das Gehirn! Mahlzeiten müssen auch zukünftig mit Verstand zusammengestellt werden.

Geschickt kombiniert können Low-Carb-Backwaren jedoch Teil einer gesunden Mahlzeit sein. Dazu sind die Leckereien eine tolle Möglichkeit für jeden, der hin und wieder gerne Kuchen mag, diesen auch Low-Carb zu genießen. Mir ist ein zuckerfreier Low-Carb-Kuchen allemal lieber, als mich mit einer zuckrigen Kohlenhydratbombe zu füttern. Da hebe ich mir meine Kohlenhydratextras lieber für gute Schokolade auf, denn der kohlenhydratreduzierte Kuchen steht dem normalen Kuchen in nichts nach.

Was kommt denn nun rein, in die Low-Carb-Backwaren?

Lassen Sie uns also einen Blick auf die Zutaten zum Backen werfen, die bei mir häufig zum Einsatz kommen.

Inzwischen haben die Supermärkte, Reformhäuser, Drogeriemärkte und Bio-Läden aufgerüstet und bieten jede Menge der verwendeten Produkte an. Dazu gibt es eine Vielzahl von Shops im Internet, die sich auf die speziellen Zutaten für die Low-Carb-Ernährung eingeschossen haben. Schwierig zu bekommen ist also keine Ausrede.

Einkaufstipps und meine Bezugsquellen finden Sie in meinem Happy Shop auf happycarb.de.

Bitte verwenden Sie, wo immer es geht, die gleichen oder zumindest vergleichbare Zutaten. Low-Carb-Backen ist trickreich und manchmal überraschend. Die Low-Carb-Mehle und Süßmittel haben andere Eigenschaften, als Sie das von früheren Zutaten kennen. Ein Austausch von X durch Y führt gelegentlich zu einem Fiasko und zur teuren Fütterung des Abfalleimers. Ja, auch ich bin vor solchen Überraschungen nicht gefeit, habe mit meinen Rezepten jedoch bereits für Sie vorgearbeitet. Low-Carb-Backen ist wirklich nicht die Disziplin, wo es lohnt, als Anfänger/in kreativ zu werden. Halten Sie sich an die Rezepte und sammeln Sie so erst mal Erfahrungen. Zwischen einem entölten Mandelmehl und einem nicht entölten Mandelmehl liegen Welten und jede noch so kleine Abweichung von der Zutatenliste braucht oft den Austausch mehrerer Bestandteile. Da ist der Unterschied zwischen saftig und locker und einer Betonmischung manchmal nur einige Gramm einer einzelnen Zutat voneinander entfernt.

Was braucht es zum Start?

Eine Einkaufsliste für Backanfänger ist ein Wunsch, der häufig an mich herangetragen wird. Die Bandbreite der Zutaten ist jedoch riesig und hängt einfach grundlegend davon ab, was auf den Teller kommen soll. Ich empfehle immer, sich eine Handvoll Rezepte zu suchen, die den eigenen Geschmack treffen und die entsprechenden Zutaten dafür zu kaufen. Wenn diese Rezepte einmal oder mehrfach gebacken wurden, dann das Spektrum erweitern und auch den Vorratsschrank um neue Zutaten ergänzen.

Also entscheiden Sie selbst, was benötigt wird. Zur Inspiration hier die Backzutaten, mit denen ich gestartet bin:

- Erythrit
- Stevia-Streupulver mit Erythrit
- Kokosmehl
- Mandelmehl, entölt
- Mandelmehl, nicht entölt
- gemahlene, blanchierte Mandeln
- Walnussmehl, entölt
- Haferkleie
- Eiweißpulver, Natural
- Flohsamenschalen

Jetzt will ich Ihnen aber die allerwichtigsten Zutaten vorstellen, in alphabetischer Reihenfolge:

Eiweißpulver
Eiweißpulver bestehen aus unterschiedlichen Proteinquellen, denen die Feuchtig-

keit entzogen wurde und die verschiedene Filtrationsvorgänge durchlaufen haben. Ich verwende Eiweißpulver gerne zum Backen und auch zum Kochen, weil es sehr gute Back- und Sättigungseigenschaften hat. Es handelt sich übrigens um die Art von Eiweißpulver, wie sie als Shake von den eisenstemmenden Muskelmännern verzehrt werden. Mit einem Eiweißpulver lässt sich der Proteingehalt einer Mahlzeit erhöhen, ohne dass gleichzeitig viele Kohlenhydrate oder Fettkalorien dazukommen. Das Milcheiweiß Casein hat gegenüber dem Molkeneiweiß (Whey) übrigens den Vorteil, dass es beim Backen fluffiger wird, mehr Feuchtigkeit aufnimmt und auch insgesamt hitzestabiler ist. Da ich wegen seiner verzögerten Aufnahme im Darm aber kein reines Casein (als Müsli-Grundlage oder Shake) mag, und weil ein reines Molkenprotein wegen seiner sehr schnellen Verwertung und daher nur kurzen Sättigung für mich auch nicht infrage kommt, habe ich mich auf ein hochwertiges Mehrkomponenteneiweiß mit hohem Caseinanteil (ohne Sojaeiweiß, ohne Aspartam, mindestens 80 Prozent Eiweiß) eingeschossen. Bitte unbedingt auf die Qualität des Eiweißpulvers achten, insbesondere, weil diese einen nicht unerheblichen Einfluss auf das Backergebnis hat. Mein bevorzugtes Eiweißpulver enthält dazu ein Bindemittel (Xanthan), das beim Backen gleichzeitig Bindung gibt. Bei anderen Eiweißpulvern muss deshalb unter Umständen noch Guarkernmehl zugefügt werden. Häufig wird nach einer Alternative zum Eiweißpulver gefragt. Wegen seiner vielfältigen Eigenschaften gibt es in meinen Augen aber keinen wirklich adäquaten Ersatz. Bei einem Austausch müsste immer mit einem eiweißhaltigen Mehl und gegebenenfalls mit einem Bindemittel gearbeitet werden. Ich verstehe die Vorbehalte gegenüber den aromatisierten und auch künstlich gesüßten Eiweißpulvern, was mich jedoch nicht stört, weil ich sie nur in Maßen verwende. Das Natural-Pulver ist in meinen Augen ein ehrliches Produkt und lässt sich durch die Zugabe von echter Vanille oder Kakaopulver zusammen mit Stevia-Streusüße einfach verwandeln.

Erythrit

Hierbei handelt es sich um einen Zuckeraustauschstoff natürlicher Herkunft, auf Basis eines Zuckeralkohols. Ursprünglich kommt die Substanz in der Natur in Trauben, Melonen etc. vor, heute wird sie durch Fermentation industriell hergestellt. Erythrit ist vom Körper praktisch nicht verwertbar und wird daher mit null Kalorien bewertet – bei gleichzeitig null Einfluss auf den Blutzucker. Erythrit sieht aus wie Haushaltszucker und gibt genauso Volumen, hat aber nur eine Süßkraft von 70 Prozent. Es hinterlässt ein kühles Gefühl auf der Zunge, hat jedoch keinen bitteren Beigeschmack wie Stevia. Erythrit löst sich nicht gut auf. Gerade für cremige Süßspeisen oder Eiscreme ist es besser, das Erythrit zu Puderzucker zu mahlen oder gleich fertiges Puder-Erythrit zu verwenden. Alternativ kann auch zum Zuckeralkohol Xylit gegriffen werden, der aber ebenso süß schmeckt wie Zucker, was im Rezept berücksichtigt werden muss.

Flohsamenschalen

Keine Angst, die Flohsamenschalen habe nichts mit den tierischen Flöhen zu tun. Flohsamenschalen sind die Samenschalen einer Pflanze, die überwiegend in Indien und Pakistan angebaut wird. Die unscheinbaren Flusen haben mit 84 Gramm Ballaststoffen je 100 Gramm den höchsten Ballaststoffanteil aller natürlichen Lebensmittel. Dazu sind Flohsamenschalen sehr kalorienarm (21 Kalorien) und enthalten so gut wie keine Kohlenhydrate (1,7 Gramm). Sie eignen sich zum Backen und Kochen und fügen sich geschmacklich durch ihrer Neutralität überall gut ein.

Wegen des Ballaststoffanteils und der hohen Quellfähigkeit bitte immer mit ausreichend Flüssigkeit verzehren. Durch die Quellwirkung wird der Magen- und Darminhalt vergrößert, ein besseres Sättigungsgefühl erzeugt und das Stuhlvolumen deutlich erhöht. Die Ballaststoffe verzögern dazu den Blutzuckeranstieg und sind deshalb ein sehr günstiges Lebensmittel für Diabetiker. Flohsamenschalen können in einer ketogenen Ernährung teilweise als Ersatz für die kohlenhydrathaltige Haferkleie eingesetzt werden. Dazu eignen sich Flohsamenschalen auch gut zum Panieren. Bitte nicht mit den schwarzen Flohsamen verwechseln, denn die haben ganz andere Eigenschaften. Flohsamenschalen geben eine sehr gute Bindung und sorgen dafür, dass das Backwerk nicht so schnell austrocknet. Trotzdem sparsam dosieren, denn ein Zuviel führt zu einem feuchten und knatschigen Gebäck und im Mund bekommt man ein etwas schleimiges Gefühl. Wenn es zur Bindung eingesetzt wird, dann funktioniert ein Austausch gegen Guarkernmehl oder Johannisbrotkernmehl. Dann aber nur ein Drittel der Menge nehmen, denn beides bindet stärker.

Guarkernmehl

Besteht aus dem Mehl der Guarbohne, die an einem tropischen Strauch wächst. Es gehört zu den pflanzlichen Verdickungsmitteln und ist sehr gut wasserlöslich. Die Fähigkeit, Wasser zu binden, führt dazu, dass insbesondere Backwaren länger frisch bleiben. Guarkernmehl besteht aus langkettigen, komplexen Zuckerverbindungen, die vom Darm nicht aufgenommen werden können. Guarkernmehl bindet sofort in kalter und warmer Flüssigkeit und ist daher vielseitig einsetzbar. Guarkernmehl kann gut in gleicher Menge gegen Johannisbrotkernmehl ausgetauscht werden oder in halber Menge gegen Xanthan.

Haferkleie

Haferkleie besteht aus dem Keimling und den Randschichten des Haferkorns. Das klingt nach Abfall, aber in Wirklichkeit enthält die Haferkleie einen Großteil der Vitamine und Mineralstoffe des Haferkorns und wie zu erwarten jede Menge Ballaststoffe. Dabei ist es insbesondere der lösliche Ballaststoff Beta-Glucan, der die Aufrechterhaltung eines normalen Cholesterinspiegels unterstützt.

Haferkleie enthält für ein Getreide wenig Gluten und ist so auch für darmempfindliche Menschen gut verträglich. Gleichzeitig eignet sich Haferkleie sehr gut zum Backen von Brot und Brötchen und hat einen enormen Sättigungseffekt. Es gibt für Zöliakie-Patienten übrigens auch eine glutenfreie Variante zu kaufen. Wer die Kohlenhydrate etwas reduzieren möchte, kann auch einen Teil der Haferkleie durch Flohsamenschalen ersetzen. Und ja, Haferkleie kann Low-Carb verwendet werden, auch wenn der absolute Kohlenhydratgehalt relativ hoch ist. Die Menge macht´s und die gesundheitlichen Vorteile der Haferkleie sind einfach klasse. Ich befeuere also nicht die totale Getreide-Aversion, sondern wähle für mich nach Nutzen-Risiko-Verhältnis aus und da ist Hafer(kleie) für mich die Königin der hiesigen Getreide.

Johannisbrotkernmehl

Besteht aus den gemahlenen Kernen des Johannisbrotbaums, aus dessen Früchten Carob gewonnen wird. Johannisbrotkernmehl ist geschmacksneutral und hat sehr starke Bindeeigenschaften, weshalb es als Binde- und Verdickungsmittel eingesetzt wird. Das feine Mehl entfaltet seine bindende Wirkung besonders gut in warmen Speisen. Es kann dazu, in etwas kaltem Wasser angerührt, in heiße Speisen (Suppen und Saucen) gegeben werden. Als Austausch kann in gleicher Menge auch Guarkernmehl eingesetzt werden oder Xanthan, dann aber nur mit der Hälfte der Menge.

Kartoffelfasern

Hinter Kartoffelfasern verstecken sich wirklich Kartoffeln. Jedoch wurde diesen ein Großteil der Stärke und das Wasser entzogen und der dann übrig bleibende Rest wird gemahlen. Wenige Kohlenhydrate, viele Ballaststoffe und ein enormes Quellvermögen zeichnen die Kartoffelfasern aus. Sie eignen sich sehr gut zum Backen, zum Andicken von Suppen und Saucen, als Beimischung für Pürees und überall, wo eine herzhafte Kartoffelnote gewünscht ist, denn der kartoffelige Geschmack bleibt sehr zu meiner Freude erhalten. Kartoffelklöße, Gnocchi und Schupfnudel sind alle schon meinem Kartoffelfaser-Labor entsprungen.

Kokosmehl

Kokosmehl ist ein aus dem Überbleibsel der Herstellung des Kokosöls gemahlenes Mehl mit unglaublichen Wasserbindeeigenschaften. Viele Ballaststoffe und ein Rest von gutem Kokosöl machen das Kokosmehl, neben den geringen Kohlenhydraten und dem fehlenden Gluten, zu einem perfekten Low-Carb-Werkstoff. Mein Lieblingskokosmehl ist ein Markenprodukt, welches relativ neutral schmeckt, wenige Kohlenhydrate enthält und sich wirklich toll verarbeiten lässt. Kokosmehl lässt sich häufig durch entöltes Mandelmehl ersetzen. Davon braucht man dann aber etwas mehr. 40 Gramm Kokosmehl ersetzen übrigens 100 Gramm Weizenmehl. Ein Zeichen für die großzügig enthaltenen Ballaststoffe, die viel Feuchtigkeit aufnehmen.

Kokosöl

Natives Kokosöl wird aus dem vollreifen Fruchtfleisch der Kokosnuss kalt gepresst, so bleiben die wertvollen Inhaltsstoffe erhalten. Kokosöl ist hoch erhitzbar und relativ geschmacksneutral. Toll zum Kochen und Backen. Das Fett aus der Kokosnuss, das Kokosöl, besteht zu etwa 90 Prozent aus gesättigten Fettsäuren, was eigentlich erst einmal sehr ungünstig klingt. Klassisch geschulten Ernährungswissenschaftlern verursacht so ein Wert wahrscheinlich Albträume. Aber bei genauerer Analyse ist festzustellen, dass es sich bei den gesättigten Fettsäuren des Kokosöls etwa zu 50 bis 60 Prozent um wertvolle mittelkettige gesättigte Fettsäuren (z. B. Laurinsäure) handelt, die viele positive Eigenschaften haben. Aber bitte immer darauf achten, dass es sich um VCO (Virgin Coconut Oil), wenn möglich in Bio-Qualität handelt.

Leinsamenmehl, entölt

Besteht aus braunen Leinsamen, die nach dem Abpressen des Öls ganz fein gemahlen wurden. Es enthält etwa noch 12 bis 13 Prozent gesundes Leinöl und jede Menge Ballaststoffe. Ein tolles Mehl für Brot und Brötchen, das sich durch ein nussiges, herbes Aroma auszeichnet. Leinsamenmehl lässt sich gut 1 zu 1 gegen Walnussmehl tauschen. Im Vergleich zum Weizenmehl ist das entölte Leinsamenmehl fast auf Augenhöhe. Mit 90 Gramm Leinsamenmehl kann man etwa 100 Gramm Weizenmehl ersetzen. Leinsamenmehl gibt es übrigens auch in einer hellen Variante, die aus dem Presskuchen des Goldleinsamens vermahlen wurde und wesentlich milder im Geschmack ist.

Mandelmehl, entölt

Ist ein Nebenprodukt bei der Herstellung

des Mandelöls. Der Rest der ausgepressten Mandeln wird gemahlen, und daraus entsteht das entölte Mandelmehl. Entöltes Mandelmehl ist sehr trocken und nimmt viel Feuchtigkeit auf. Besonders zu erwähnen ist das leichte Marzipanaroma, weshalb ich es nur für süße Backwaren einsetze. Beim Austausch kann man auf Kokosmehl zurückgreifen, braucht davon aber etwas weniger. Auch teilentöltes Macadamiamehl ist ein guter Austausch. Davon braucht es dann aber etwas mehr. Im Austausch gegen Weizenmehl kann man 50 Gramm entöltes Mandelmehl gegen 100 Gramm Weizenmehl rechnen.

Mandelmehl, nicht entölt

Dabei handelt es sich um ganz fein gemahlene Mandeln, die zuvor blanchiert wurden, um die braune Haut zu entfernen. Daher ist das nicht entölte Mandelmehl auch so schön hell. Es enthält noch den natürlichen Fettgehalt der Mandeln und ist damit wesentlich fetter als das entölte Mandelmehl und hat in der Folge auch ganz andere Back- und Wasserbindeeigenschaften. Ein Austausch kann gegen geriebene blanchierte Mandeln aus dem Backregal erfolgen, jedoch wird die Struktur des Backwerks dann etwas gröber, wegen der anderen Körnung.

Stevia-Streupulver mit Erythrit

Verwende ich meist als Beimischung zum Erythrit in Backwaren. Durch die Unterstützung mit Stevia wird die Süße stärker und gleichzeitig kommt die Kühle vom Erythrit nicht so stark durch. Außerdem gleiche ich mit Stevia die geringere Süßkraft (70

Prozent) des Erythrits aus. Das Streupulver besteht aus einer Mischung von Erythrit und Stevia und ist doppelt so süß wie Zucker.

Walnussmehl, entölt

Besteht aus entölten Walnüssen, die nach der Pressung des Walnussöls fein gemahlen wurden. Walnussmehl gibt einen herzhaften kräftigen Geschmack und ist daher toll für herzhafte Backwaren geeignet. Auch das Mehl enthält noch einen schönen Anteil guten Walnussfetts, was die Verwendung sinnvoll macht. Entöltes Walnussmehl lässt sich gut 1 zu 1 mit Leinsamenmehl tauschen. Im Vergleich zum Weizenmehl ist das entölte Walnussmehl fast auf Augenhöhe. Mit 90 Gramm Walnussmehl kann man etwa 100 Gramm Weizenmehl ersetzen.

Xylit

Beim Xylit handelt es sich genau wie beim Erythrit um einen Zuckeraustauschstoff auf Basis eines Zuckeralkohols. Xylit ist auch natürlichen Ursprungs und wird aus Birken- und Buchenrinde in Finnland hergestellt. Von daher auch der Name Birkenzucker, unter dem Xylit ebenfalls bekannt ist. Die Süßkraft des Xylits ist 1 zu 1 mit Haushaltszucker vergleichbar. Im Gegensatz zum kalorienfreien Erythrit kommt das Xylit jedoch mit 2,4 Kalorien pro Gramm daher. Das ist zwar 40 Prozent weniger als beim normalen Zucker, aber eben doch noch Kalorien, die beim Gewichtsverlust hinderlich sein können. Xylit hat übrigens einen niedrigen glykämischen Index von 7 und ist deshalb auch für Diabetiker ein geeignetes Süßmittel. Neben dem finnischen Xylit, das auf Basis von Holzrinde hergestellt wird, kommt ein Großteil des Xylits inzwischen auch aus China, wo es aus Maisstärke gewonnen wird. Xylit ist dazu noch sehr gut für die Zähne und schützt vor Karies. Die Verträglichkeit im Magen-Darm-Trakt ist geringer als beim Erythrit, aber eine gewisse Gewöhnung stellt sich bei regelmäßigem Verzehr ein.

Ganz wichtig: Xylit ist giftig für Hunde! Wenn Hunde Xylit fressen, steigt ihre Insulinausschüttung und es kommt zu einem lebensbedrohlichen Absinken des Blutzuckerspiegels. Also bitte von Hunden fernhalten oder bei einem Hund im Haushalt besser auf Xylit verzichten.

Da kann einem schon von all dem Zeug der Kopf schwirren.

Weitere Informationen zu all den anderen Backzutaten aus diesem Buch finden Sie auf meinem Happy-Carb-Blog im Zutaten-FAQ. Alles hier niederzuschreiben, würde das Buch schon ohne Rezepte füllen.

Jetzt reicht es aber mit der Theorie und all den trocknen Informationen. Wahrscheinlich haben Sie Hunger bekommen, vom vielen Lesen über Essen und Co. Stürzen wir uns also in 150 Low-Carb-Rezepte, damit all meine Worte jetzt endlich Ihre Bestätigung auf dem Teller finden.

Viel Spaß und rein in die Kochschürze!

Meine 150 liebsten Low-Carb-Rezepte

10. MEINE 150 LIEBSTEN LOW-CARB-REZEPTE

Jetzt geht es endlich los. Freuen Sie sich auf die beliebtesten Happy-Carb-Rezepte.

Frühstücksideen, mit denen der Tag gut beginnt

Alles aus einem Topf: Suppen und Eintöpfe für Leib und Seele

Fleischige Genüsse: Dazu viel gesundes Gemüse

Aus Fluss und Meer auf den Tisch

Veggiecarberei: Reichlich Rezeptideen, ganz ohne Fleisch

Salate bringen Farbe auf den Teller

Süße Sünden und pikante Knabbereien

Herzhafte Backträume, die Lust auf mehr machen

Süßer Backzauber, Low-Carb und lecker zugleich

Bitte beachten Sie, dass sich die Rezepte immer auf unterschiedliche Portionen/Personen beziehen. Die genaue Angabe finden Sie direkt bei jedem einzelnen Rezept.

Alle Rezepte sind mit Nährwertangaben versehen. Basis der Berechnung sind die von mir tatsächlich verwendeten Zutaten. Abweichungen und Fehler sind trotz aller Sorgfalt nicht ausgeschlossen.

Frühstücksideen, mit denen der Tag gut beginnt

Das Low-Carb-Frühstück ist angeblich die am schwierigsten umzusetzende Mahlzeit des Tages. Na ja, sehe ich nicht ganz so. Hier kommen gleich 20 bunte Frühstücksideen, die alle Lust auf einen gesunden Start in den Tag machen. Mit Quark kann man doch mehr machen, als nur mit dem Löffel essen, und selbst ein Müsli ist Low-Carb keine Unmöglichkeit. Und wer da immer noch keine Lust auf Frühstück bekommt, für den gibt es dann ja noch die Pancakes, die einfach immer schmecken.

Heidelbeer-Haferkleie-Muffins

8 Muffins

100 g Mandelmehl, nicht entölt
150 g Haferkleie
75 g Erythrit
2 TL Stevia-Streupulver mit Erythrit
1 TL Backpulver
200 g Magerquark
1 Ei, Größe M
40 ml Bio-Rapsöl, nativ extra
150 g Heidelbeeren

Den Backofen auf 180 Grad Umluft vorheizen.

Die trockenen Zutaten in einer Schüssel mischen. In einer weiteren Rührschüssel den Quark mit dem Ei und dem Rapsöl verrühren. Dann die trockenen Zutaten unterrühren. Als letztes noch vorsichtig die Heidelbeeren unterheben und den Teig in ein, bei Bedarf gefettetes, (Silikon-)Muffinblech geben. In die leeren Förmchen etwas Wasser füllen.

Wenn die Bäckerin in mir erwacht …

Im Backofen für etwa 30 Minuten backen. Die Heidelbeer-Haferkleie-Muffins eignen sich perfekt zum Einfrieren und können bei Bedarf für das Frühstück aufgetaut werden.

Nährwerte pro Muffin:
Kalorien: 225, Fett: 13,7 g, Kohlenhydrate: 13,5 g, Eiweiß: 9,7 g

Vanillequark mit Apfelkompott und gerösteten Mandelblättchen

1 Portion

250 g Quark, 20 % Fett
Erythrit, nach persönlichem Geschmack süßen
1/2 TL Bourbonvanille, gemahlen
10 g Mandelblättchen, ohne Fett in der Pfanne goldbraun geröstet und heiß mit etwas Erythrit bestreut (gleich Vorrat machen von 30 g)

Für das Apfelkompott (ergibt 3 Portionen):
15 g Kokosöl
225 g säuerlicher Apfel, geschält, entkernt und klein geschnitten
30 ml Zitronensaft, frisch gepresst
100 ml Wasser
1–2 TL Stevia-Streupulver mit Erythrit
1/2 TL Zimt

Apfelkompott ist für mich wie eine kleine Zeitreise…

Das Kokosöl in einem Topf erhitzen und die Apfelstücke darin anschwitzen. Den Zitronensaft und das Wasser zugeben. Alles köcheln lassen, bis die gewünschte Konsistenz erreicht ist (ca. 10–15 Minuten). Das Stevia-Streupulver und den Zimt hinzufügen, gut durchrühren und in eine Schale zum Abkühlen umfüllen.

Den Quark mit dem Erythrit und der gemahlenen Vanille in einer Müslischale verrühren. Einen Teil des Apfelkompotts auf den Vanillequark geben und nun noch mit den gerösteten Mandelblättchen bestreuen.

Nährwerte pro Portion:
Kalorien: 395, Fett: 22,0 g, Kohlenhydrate: 18,2 g, Eiweiß: 29,8 g

Frühstückskekse

2 Backbleche/12 Stück

10-Uhr-Pause im Low-Carb-Schlaraffenland …

100 g Butter, geschmolzen, lauwarm
2 Eier, Größe M
150 g griechischer Joghurt, 10 % Fett
60 g Mandelmehl, entölt
60 g Mandelmehl, nicht entölt
60 g Haferkleie
30 g Chia-Samen
30 g Eiweißpulver, Vanille
1 Msp. gemahlene Bourbonvanille
65 g Erythrit
2 TL Stevia-Streupulver mit Erythrit
2 TL Backpulver
1 Prise Salz
50 g Mandeln und
50 g Haselnüsse, mit einem Messer grob gehackt
50 g Goji-Beeren, gehackt

Den Backofen auf 175 Grad Umluft vorheizen.

Alle Zutaten auf einen Schlag in eine Rührschüssel geben und mit einem Handrührgerät oder einer Küchenmaschine mischen. Zwei Backbleche mit Backpapier auslegen und mit einem Esslöffel je 6 Teigportionen pro Blech etwa 2 cm dick kreisrund verteilen. Für 15–20 Minuten backen.

Die Kekse sättigen sehr gut und sind gerade unterwegs eine gute Energiequelle.

Nährwerte pro Keks:
Kalorien: 243, Fett: 18,4 g, Kohlenhydrate: 7,4 g, Eiweiß: 9,9 g

Chia-Apfel-Schmarrn

1 Portion

1 Ei, Größe L
100 ml Milch
10 g Kokosmehl
15 g Eiweißpulver, Vanille
10 g Chia-Samen
1/4 TL Backpulver
1 TL Stevia-Streupulver mit Erythrit
10 g Kokosöl
75 g säuerlicher Apfel, geschält und entkernt, in Stücke geschnitten
10 g Puder-Erythrit
etwas Zimt, gemahlene Vanille oder auch Spekulatiusgewürz zum Aromatisieren beifügen

Das Ei mit der Milch und den trockenen Zutaten kräftig mixen.

Zwischenzeitlich das Kokosöl in einer Panne auf mittlere Hitze erwärmen und die Apfelstücke anbraten. Dann die Teigmischung zufügen und wie einen Pfannkuchen braten. Wenn die Unterseite braun ist, dann mit einem Holzschaber zerteilen und vorsichtig wenden. Auf einem Teller anrichten und mit dem Puder-Erythrit bestreuen.

Nährwerte pro Portion:
Kalorien: 394, Fett: 22,6 g, Kohlenhydrate: 16,0 g, Eiweiß: 27,2 g

Das warme Apfelfrühstück tut so gut …

Bacon-Apfel-Rührei

1 Portion

3 Eier, Größe M
75 g säuerlicher Apfel (Boskop, Elstar etc.), in kleine Würfel geschnitten
75 g Baconwürfel
Salz und Pfeffer

Die Eier verquirlen und mit Salz und Pfeffer würzen.

Eine Pfanne erhitzen und die Baconwürfel einige Minuten braten. Dann die Apfelstücke hinzufügen und kurz in der Pfanne untermischen. Nun noch das flüssige Rührei hinzufügen und unter Rühren stocken lassen.

Nährwerte pro Portion:
Kalorien: 484, Fett: 34,5 g, Kohlenhydrate: 10,9 g, Eiweiß: 31,8 g

Süßer Apfel passt perfekt zum herzhaften Bacon ...

Frühstücksshake

1 Portion

100 ml Kokosmilch
150 ml Wasser
1/2 Avocado, das Fruchtfleisch gewürfelt
25 g Eiweißpulver, Vanille
50 g gefrorene Himbeeren, ungezuckert
5 g Aroniapulver
einige Aroniabeeren, getrocknet, zur Dekoration

Alles (außer der Dekoration) auf einen Schlag in den Mixer geben und kräftig mischen. Wird total cremig und lecker. Wer es süßer mag, hilft mit etwas Erythrit nach.

Nährwerte pro Portion:
Kalorien: 418, Fett: 29,7 g, Kohlenhydrate: 10,2 g, Eiweiß: 23,6 g

Ein Nährstoffschock für den Körper ...

Low-Carb-Schokopancakes mit Haselnusscreme und Beeren

3 Portionen

Schokolade küsst Haselnuss ...

Für den Pancaketeig:
200 ml Milch
2 Eier, Größe M
45 g Eiweißpulver, Schokolade
25 g Kokosmehl
20 g Erythrit
10 g Kakaopulver
1/2 TL Backpulver
40 g Kokosöl

Für die Haselnusscreme:
150 g griechischer Joghurt, 10 % Fett
20 g Puder-Erythrit
25 g Haselnussmus
15 g Eiweißpulver, Haselnuss
150 g gemischte Beeren (Heidelbeeren, Himbeeren, Johannisbeeren, Erdbeeren ...)

Den Joghurt mit dem Puder-Erythrit, dem Haselnussmus und dem Eiweißpulver zu einer Creme rühren.

Die Zutaten für den Pancaketeig mit dem Rührgerät schaumig rühren.

Das Kokosöl in einer Panne auf mittlere Hitze erwärmen. Den Teig mit einem Esslöffel in die Pfanne geben und rund verstreichen. So lange auf einer Seite braten, bis der Pancake Farbe und Stabilität zum Wenden hat. Ein Esslöffel ergibt einen Pancake. Gemeinsam mit der Creme und den Beeren anrichten.

Nährwerte pro Portion:
Kalorien: 455, Fett: 30,3 g, Kohlenhydrate: 11,9 g, Eiweiß: 28,5 g

Apfel-Walnuss-Frühstücksbrötchen

4 große Brötchen

250 g Quark, 20 % Fett
3 Eier, Größe M
50 g Eiweißpulver, Vanille
40 g Kokosmehl
60 g Walnüsse, zerstampft
50 g Erythrit
1 TL Backpulver
1 TL Guarkernmehl
150 g säuerlicher Apfel, geschält, ohne Kerngehäuse, in kleine Stücke geschnitten

Den Backofen vorheizen auf 175 Grad Umluft.

Alle Bestandteile (außer dem Apfel) auf einen Schlag in einer Rührschüssel durchmischen. Zum Schluss die Apfelstücke unterheben. 4 Brötchen mit der Hand formen und auf ein mit Backpapier belegtes Blech legen. Für 30 Minuten backen und auskühlen lassen.

Die Brötchen lassen sich gut im Kühlschrank aufbewahren oder einfrieren. Morgens mit dem Toaster auf Verzehrtemperatur bringen und einfach genießen.

Nährwerte pro Brötchen:
Kalorien: 325, Fett: 18,3 g, Kohlenhydrate: 9,5 g, Eiweiß: 26,8 g

Low-Carb-Tassenkuchen Stracciatella

1 Portion

1 Ei, Größe M
40 ml Milch
10 g Kokosmehl
5 g Eiweißpulver, Vanille
1 TL Stevia-Streupulver mit Erythrit
1/4 TL Backpulver
15 g Schokodrops mit Xylit
150 g frische Erdbeeren

Das Ei und die Milch verquirlen. Die trockenen Zutaten mischen und mit einem Schneebesen unterrühren. Zum Schluss noch die Schokodrops unter den Teig mischen. Alles in eine größere Tasse geben. Für 3 Minuten bei 600 Watt in die Mikrowelle damit. Anschließend direkt aus der Tasse genießen oder auf einen Teller kippen und mit Erdbeeren servieren.

Wer auf die Mikrowelle verzichten will, kann den Tassenkuchen auch im Backofen bei 175 Grad Umluft in 15–20 Minuten backen.

Nährwerte pro Portion:
Kalorien: 284, Fett: 14,8 g, Kohlenhydrate: 13,7 g, Eiweiß: 16,1 g

Ein Mikrowellen-Tassenkuchen darf nicht fehlen …

Honigmelone mit Schinken und Sweet-Basilikum-Pesto

Da weht ein Hauch von Feinkost durch die Küche ...

2 Portionen

300 g Honigmelone, in mundgerechte Stücke geschnitten
150 g Südtiroler Schinken, dünn geschnitten

Für das Sweet-Basilikum-Pesto:
10 g gehackte Walnüsse
10 g Puder-Erythrit
10 g Basilikumblätter, frisch
25 ml Olivenöl, nativ extra

Die Zutaten für das süße Basilikumpesto mit dem Pürierstab pürieren.

Die Honigmelone auf einem Teller anrichten und den Schinken darauflegen. Dann mit dem Pesto beträufeln und genießen.

Nährwerte pro Portion:
Kalorien: 412, Fett: 24,3 g, Kohlenhydrate: 19,8 g, Eiweiß: 24,0 g

Himbeerjoghurt mit Schokocrisp

1 Portion

Für den Schokocrisp:
10 g Kokoschips
15 g Paranüsse, gehackt
1/2 TL Kakaopulver mit
1 TL Erythrit gemischt

Für den Himbeerjoghurt:
150 g griechischer Joghurt, 10 % Fett
50 g TK-Himbeeren, ungezuckert
15 g Eiweißpulver, Vanille

In einer Pfanne ohne Fett die Kokoschips und die gehackten Paranüsse goldbraun rösten. Dann die Pfanne von der heißen Platte ziehen und das Kakao-Erythrit-Gemisch hinzufügen und vermengen. Abkühlen lassen.

Den Joghurt mit den halb aufgetauten Himbeeren und dem Eiweißpulver mischen und dann mit den schokolierten knusprigen Kokoschips und Paranüssen bestreuen.

Nährwerte pro Portion:
Kalorien: 424, Fett: 31,5 g, Kohlenhydrate: 11,4 g, Eiweiß: 21,2 g

Der Joghurt ohne Ecke, aber mit viel drin …

Süßes Avocadorührei

1 Portion

5 g Kokosöl
3 Eier, Größe M mit
1–2 EL Erythrit verquirlen
(nach gewünschter Süße)
75 g Avocado, in Würfel geschnitten
100 g Heidelbeeren

In einer Pfanne das Kokosöl erhitzen. Das Rührei in die Pfanne geben und braten, bis es gestockt ist. Dabei immer wieder durchmischen. Dann die Pfanne von der Herdplatte nehmen und die Avocadostücke untermischen. Auf einem Teller anrichten und mit den Heidelbeeren bestreuen.

Nährwerte pro Portion:
Kalorien: 424, Fett: 31,5 g, Kohlenhydrate: 11,4 g, Eiweiß: 21,2 g

Rührei geht auch sehr gut süß …

Low-Carb-Schokotraum-Müsli

1 Portion

20 g Haferkleie
15 g Kokoschips
5 g Chia-Samen
10 g Kakaonibs
150 ml Milch
20 g Eiweißpulver, Schokolade

Die Haferkleie, Kokoschips, Chia-Samen und Kakaonibs in einer größeren Müslischale mischen.

In einem Shaker die Milch mit dem Eiweißpulver cremig schütteln und über die trockene Mischung gießen. Kurz durchmischen und die Haferkleie einige Minuten quellen lassen.

Nährwerte pro Portion:
Kalorien: 395, Fett: 20,0 g, Kohlenhydrate: 22,8 g, Eiweiß: 27,2 g

Mein Lieblings-Low-Carb-Müsli. Schokoladig und unglaublich lecker …

Haferkleie-Haselnuss-Porridge mit Kiwi

1 Portion

75 ml Milch
100 ml Wasser
25 g Haselnussmus
25 g Haferkleie
25 g Eiweißpulver, Haselnuss
1 TL Stevia-Streupulver mit Erythrit
75 g Kiwi, in kleine Stücke geschnitten

Die Milch mit dem Wasser und dem Haselnussmus gemeinsam erhitzen. Dann die Haferkleie einrühren und 10–15 Minuten quellen lassen. 2–3-mal durchrühren. Anschließend erneut erwärmen und mit dem Schneebesen das Eiweißpulver und das Stevia-Streupulver untermischen.

Wer morgens Zeit sparen will, weicht die Haferkleie über Nacht in dem Milch-Wasser-Gemisch ein. Dann schnell im Topf oder der Mikrowelle erwärmen und das Eiweißpulver und die Süße unterschlagen. Gemeinsam mit den Kiwistücken anrichten.

Nährwerte pro Portion:
Kalorien: 438, Fett: 20,0 g, Kohlenhydrate: 28,0 g, Eiweiß: 30,7 g

Haferbrei, in der ganzen Welt beliebt ...

Crunchymüsli auf Erdbeerricotta

2 Portionen

250 g Ricotta
250 g Erdbeeren, geviertelt
2 TL Erythrit

Für das Crunchymüsli (reicht für 6 Portionen):
1 Eiweiß, steif geschlagen mit
25 g Erythrit,
20 g Mandeln, gehackt,
20 g Haselnüssen, gehackt,
30 g Kokosraspeln
20 g Walnüssen, gehackt,
10 g Hanfsamen, geschält, mischen

Den Backofen vorheizen auf 120 Grad Umluft.

Die Müslimasse auf ein mit Backpapier vorbereitetes Blech etwa 0,5 cm dick streichen und für 60 Minuten in den Ofen schieben. Abkühlen lassen und anschließend mit einem Messer hacken. Den Ricotta mit dem Erythrit süßen und dann die Erdbeeren darauf verteilen. Darüber Crunchymüsli streuen.

Nährwerte pro Portion:
Kalorien: 366, Fett: 27,0 g, Kohlenhydrate: 14,3 g, Eiweiß: 14,4 g

Knusprig, cremig und fruchtig. Alles auf einen Schlag …

Haselnussjoghurt

Haselnussjoghurt ist schon immer mein absoluter Liebling …

1 Portion

150 g griechischer Joghurt, 10 % Fett
15 g Eiweißpulver, Haselnuss
1 TL Erythrit
15 g Haselnussmus
10 g gehackte Haselnüsse
10 g Xylit-Schokodrops
50 g Physalis, halbiert

Einfach alles außer den Schokodrops und den Physalis verrühren und diese dann noch darüberstreuen.

Nährwerte pro Portion:
Kalorien: 492, Fett: 35,7 g, Kohlenhydrate: 17,2 g, Eiweiß: 22,3 g

Mandel-Frühstückskekse mit Sauerkirsch-Chia-Kompott

4 Portionen

Für die Mandel-Frühstückskekse:
250 g Schmand, 20 % Fett
2 Eier, Größe M
50 g Mandelmehl, entölt
50 g Eiweißpulver, Vanille
50 g Mandelmehl, nicht entölt
50 g Mandeln, gehackt
1/2 TL Bourbonvanille, gemahlen
50 g Erythrit
2 TL Stevia-Streupulver mit Erythrit
1 TL Backpulver

Für das Sauerkirsch-Chia-Kompott:
10 g Kokosöl
250 g TK-Sauerkirschen, ungezuckert
1 TL Stevia-Streupulver mit Erythrit
15 g Chia-Samen

Den Backofen auf 175 Grad Umluft vorheizen.

Den Teig für die Kekse verrühren. Ich habe alles auf einen Schlag direkt in die Rührschüssel hineingewogen und verrührt. Mit einem Esslöffel den Teig in 12 Portionen auf ein Blech mit Backpapier geben. Für 15–20 Minuten backen. Abkühlen lassen und dann in Würfel schneiden.

Für das Sauerkirsch-Chia-Kompott, Kokosöl in einem Topf erwärmen. Die gefrorenen Sauerkirschen im Topf erhitzen und dann 5 Minuten köcheln lassen. Dabei die Sauerkirschen etwas zermatschen. Mit dem Streupulver süßen und vom Herd nehmen. Wenn die Kirschen nur noch lauwarm sind, die Chia-Samen unterrühren.

Mehrere Stunden kalt stellen und quellen lassen. Dabei immer wieder umrühren. Gemeinsam mit den Kekswürfeln als Frühstück essen.

Nährwerte pro Portion:
Kalorien: 483, Fett: 34,3 g, Kohlenhydrate: 11,6 g, Eiweiß: 27,4 g

Himbeer-Mohn-Quarkteilchen

5 Teilchen

250 g Quark, 20 % Fett
3 Eier, Größe M
50 g Eiweißpulver, Vanille
60 g Kokosmehl
35 g Blaumohn, ganz
65 g Erythrit
1 TL Backpulver
1 TL Guarkernmehl
150 g frische Himbeeren (TK-Himbeeren gehen auch, dann aber noch gefroren verarbeiten)

Den Backofen vorheizen auf 175 Grad Umluft.

Alle Bestandteile (außer den Himbeeren) auf einen Schlag in einer Rührschüssel durchmischen. Zum Schluss die Himbeeren ganz vorsichtig unterheben. Mit einem großen Löffel von der Masse abstechen und 5 Häufchen auf das Blech geben. Mit dem Löffel leicht verstreichen.

Für 30 Minuten backen und auskühlen lassen. Im Kühlschrank aufbewahren und vor dem Verzehr toasten.

Nährwerte pro Teilchen:
Kalorien: 216, Fett: 10,0 g, Kohlenhydrate: 5,6 g, Eiweiß: 21,4 g

Der Körper braucht morgens Eiweiß und ein schmatzendes Geräusch ...

Frühstückssalat rote Forelle

So kommt der Körper am Morgen auf Flughöhe …

2 Portionen

200 g Hüttenkäse, 20 % Fett
200 g geräuchertes Forellenfilet, klein geschnitten
75 g Snack-Gurken, in Würfel geschnitten
100 g rohe Rote Bete, frisch, grob geraspelt
50 g Möhren, grob geraspelt
2 gehäufte TL Sahnemeerrettich
20 ml Leinöl
30 g TK-Mango, ungezuckert, aufgetaut und in kleine Stücke geschnitten
Salz und Pfeffer

Alle Zutaten mischen und dann mit Salz und Pfeffer abschmecken. Lässt sich auch gut vorbereiten. Schmeckt zu jeder Tageszeit und nicht nur als Frühstück.

Nährwerte pro Portion:
Kalorien: 391, Fett: 22,7 g,
Kohlenhydrate: 10,6 g, Eiweiß: 37,5 g

Mandel-Beeren-Müsli

Fruchtige Kekse, geben dem Müsli den besonderen Kick ...

Für die Himbeerkekse:
50 g Butter, weich
2 Eier, Größe M
60 g Erythrit
3 TL Stevia-Streupulver mit Erythrit
1 Prise Salz
50 g Eiweißpulver, Vanille
35 g Mandelmehl, nicht entölt
45 g Mandelmehl, entölt
1 TL Backpulver
20 g Himbeerpulver

Den Backofen auf 165 Grad Umluft vorheizen. Ein Backblech mit Backpapier auslegen. Die Butter mit den Eiern aufschlagen und die Süßmittel und das Salz unterrühren. Die Mehle und Pulver mischen und esslöffelweise unterrühren. Der Teig ist relativ zäh. Mit einem Esslöffel jeweils auf das Backblech geben und kreisförmig zerdrücken. 20 Minuten backen und abkühlen lassen.

Für das Mandelmüsli:
50 g Mandelblättchen,
50 g gehackte Mandeln und
50 g Kokoschips in einer Pfanne ohne Fett rösten,
dann 3 EL Erythrit hinzufügen. Abkühlen lassen und dabei immer wieder lockern.

Anschließend mit 100 g Haferkleie, 15 g gefriergetrockneten Erdbeeren und mit den, mit einem großen Messer, zerhackten Himbeerkeksen mischen.

Alles fertig gemischt ergibt etwas über 800 g fertiges Müsli. Bei 80 g pro Portion sind das 10 leckere Frühstücke. Schmeckt toll in griechischem Joghurt mit einigen frischen Beeren.

Nährwerte pro Portion:
Kalorien: 250, Fett: 17,1 g, Kohlenhydrate: 8,9 g, Eiweiß: 12,0 g

Alles aus einem Topf. Suppen und Eintöpfe für Leib und Seele

Es geht doch nichts über eine gute Suppe. Schon seit jeher wird in der ganzen Welt gerne in einem großen Topf gekocht. Kein Wunder, ist das doch sehr praktisch und dazu überaus lecker. Echtes Soulfood sind die wärmenden Suppen und Eintöpfe. Da wird der graueste Tag bunt. Familientauglich und prima in großen Mengen zu kochen schmecken die meisten Suppen und Eintöpfe aufgewärmt sogar noch besser. Jetzt aber ran an die Suppenschüssel, denn hier kommen 16 tolle Rezepte.

Wirsingcremesuppe mit Gorgonzola und lauwarmem Stremellachs

4 Portionen

40 g Zwiebeln, fein gehackt
10 g Kokosöl
750 g Wirsingkohl, ohne Gerippe, in feine Streifen geschnitten
950 ml Gemüsebrühe
200 ml Sahne (oder Sahne und Milch gemischt)
125 g Gorgonzola, mild, klein geschnitten
300 g Stremellachs, in mundgerechte Stücke geschnitten
15 g gehackte Haselnüsse
Muskatnuss, gerieben
Salz und Pfeffer

Die Zwiebeln im Kokosöl glasig andünsten, anschließend den Wirsingkohl hinzufügen und kurz anbraten. Mit der Gemüsebrühe ablöschen und für 20 Minuten köcheln lassen. Dann die Sahne hinzugeben und den Gorgonzola in der Suppe schmelzen lassen. Mit dem Pürierstab cremig pürieren und mit Muskatnuss sowie Salz und Pfeffer würzig abschmecken.

Die heiße Suppe in eine Schale geben und den klein geschnittenen Stremellachs untermischen. Den Fisch in der Suppe lauwarm werden lassen. Mit den gehackten Haselnüssen bestreuen und genießen.

Nährwerte pro Portion:
Kalorien: 568, Fett: 44,0 g, Kohlenhydrate: 9,3 g, Eiweiß: 30,5 g

Eine aromatische Kombination zum Verlieben …

Afrikanischer Erdnusstopf

5 Portionen

Da klingen direkt afrikanische Trommeln in meinem Ohr ...

15 g Kokosöl
500 g Putenbrust, zu Geschnetzeltem geschnitten
150 g rote Zwiebeln, in Ringe geschnitten
150 g Karotten, in Streifen geschnitten
350 g rote Paprika, in mundgerechte Stücke zerteilt
900 g Spitzkohl, in Streifen geschnitten
2 TL Paprika, scharf
1 TL Curry
1 TL Kreuzkümmel
500 g geschälte Tomaten, aus der Dose
500 ml Gemüsebrühe
25 g Senf, mittelscharf
250 ml Kokosmilch
100 g Erdnussmus
1 TL Johannisbrotkernmehl (optional zur Bindung)
Salz und Pfeffer

In einem großen Topf das Kokosöl erhitzen und das Putengeschnetzelte scharf anbraten. Je nach Dicke der Fleischstücke so lange braten, bis diese gar sind. Das Fleisch aus dem Topf nehmen. Als nächstes im gleichen Topf die Zwiebelringe glasig dünsten. Dann Karotten und Paprika hinzufügen und alles gemeinsam 2–3 Minuten braten. Den Spitzkohl untermischen und die trockenen Gewürze hinzufügen. Nun mit den geschälten Tomaten und der Gemüsebrühe ablöschen. Für 10 Minuten köcheln lassen. Anschließend den Senf, die Kokosmilch und das Erdnussmus unterrühren. Mit Salz und Pfeffer abschmecken. Bei Bedarf mit etwas Johannisbrotkernmehl binden (1 TL in 75 ml kaltem Wasser anrühren und dann zügig unter den Eintopf rühren).

Nährwerte pro Portion:
Kalorien: 470, Fett: 25,2 g, Kohlenhydrate: 19,3 g, Eiweiß: 38,3 g

Spinat-Blumenkohl-Dal

2 Portionen

100 g rote Linsen
15 g Kokosöl
25 g Madrascurrypaste oder gelbe Currypaste
40 g kleine Zwiebeln, fein gewürfelt
450 g Blumenkohl, grob geraspelt
150 g TK-Blattspinat (aufgetaut und das Wasser ausgedrückt)
200 ml Kokosmilch
Salz und Pfeffer

Die roten Linsen in etwas Wasser je nach Packungsangabe 15–20 Minuten weich kochen.

In einem Topf das Kokosöl erhitzen und die Currypaste anrösten. Dann die Zwiebelwürfel hinzugeben und glasig dünsten. Als nächstes den Blumenkohl dazugeben und diesen unter Rühren gar werden lassen. Den Spinat und die Linsen hinzufügen. Alles mischen und nun noch die Kokosmilch unterrühren. Mit Salz und Pfeffer abschmecken.

Nährwerte pro Portion:
Kalorien: 562, Fett: 31,3 g, Kohlenhydrate: 38,9 g, Eiweiß: 23,7 g

Ein indisch angehauchter Linseneintopf …

Bolognesesuppe

Meine Lieblingssauce als leckere Bolognesesuppe...

5 Portionen

150 g rote Zwiebeln, fein gewürfelt
10 ml Olivenöl, nativ extra
500 g mageres Rinderhackfleisch
150 g Schinkenspeck, gewürfelt
250 g Staudensellerie, geputzt und in Würfel geschnitten
250 g Karotten, geschält, gewürfelt
250 g Pastinaken, geschält, gewürfelt
1 EL Erythrit
250 ml Rotwein oder Gemüsebrühe
680 ml passierte Tomaten
400 g geschälte Tomaten, aus der Dose
250 g Zucchini, gewürfelt
100 g Parmesan, fein gerieben
reichlich getrocknete italienische Kräuter (Oregano, Thymian, Rosmarin ...)
Salz und Pfeffer

Die Zwiebeln in etwas Olivenöl andünsten. Das Hackfleisch und die Schinkenwürfel hinzugeben und krümelig braten. Dann den Staudensellerie, die Möhren und die Pastinaken kurz mit anbraten. Mit Salz und Pfeffer würzen und das Erythrit und die Kräuter hinzufügen. Mit dem Rotwein, den passierten Tomaten und den geschälten Tomaten auffüllen und 25 Minuten kochen lassen. Jetzt noch die Zucchiniwürfel hinzufügen und weitere 10 Minuten köcheln lassen.

Nun noch 2/3 des Parmesans unterrühren und in der heißen Suppe schmelzen lassen. Zum Schluss final mit Salz und Pfeffer abschmecken. Den Rest des Parmesans beim Servieren über die Bolognesesuppe streuen.

Nährwerte pro Portion:
Kalorien: 520, Fett: 26,3 g, Kohlenhydrate: 22,3 g, Eiweiß: 38,4 g

Cheeseburgersuppe

McDoof kompakt und gesund aus einer Suppenschale …

6 Portionen

150 g rote Zwiebeln, fein gewürfelt
10 g Kokosöl
500 g mageres Rinderhackfleisch
125 g Schinkenspeck, gewürfelt
1 EL Erythrit
750 ml Gemüsebrühe, kräftig gewürzt
500 g geschälte Tomaten, aus der Dose
400 g Lauch, in Ringe geschnitten
500 g Paprika (rot/gelb/grün), in Streifen geschnitten
200 g Frischkäse
150 g Cheddar, herzhaft, fein gerieben
35 g mittelscharfer Senf
125 g Gewürzgurken, in Würfel geschnitten
2 TL Johannisbrotkernmehl, zum Binden
Salz und Pfeffer

Die Zwiebeln in etwas Kokosöl andünsten. Das Hackfleisch und die Schinkenwürfel hinzugeben und krümelig braten. Mit Salz und Pfeffer würzen und das Erythrit zufügen. Mit der Brühe und den geschälten Tomaten auffüllen und 10–15 Minuten köcheln lassen. Jetzt die Lauchringe und die Paprikastreifen hinzufügen und weitere 10 Minuten köcheln lassen.

Den Frischkäse unterrühren und in der heißen Suppe den geriebenen Cheddar (kleinen Rest übrig lassen) schmelzen lassen. Zum Schluss noch den Senf und die Gurkenstücke hinzufügen und final mit Salz und Pfeffer abschmecken. Wenn die Konsistenz der Cheeseburgersuppe zu wässrig ist, dann das Johannisbrotkernmehl in etwa 100 ml kaltem Wasser anrühren und zügig in die nicht mehr kochende Suppe rühren. Dann einmal kurz aufkochen und fertig. Die Suppe in Schalen füllen und mit etwas geriebenem Cheddar bestreuen.

Nährwerte pro Portion:
Kalorien: 542, Fett: 38,6 g, Kohlenhydrate: 12,0 g, Eiweiß: 38,6 g

Brokkoli-Erdnuss-Suppe mit Garnelen

3 Portionen

15 g Kokosöl
50 g rote Zwiebeln, gehackt
15 g rote Currypaste
500 g Brokkoli
75 g kleine Karotten, in Stücke geschnitten
500 ml Gemüsebrühe
200 ml Kokosmilch
50 g Erdnussmus
250 g blanchierte geschälte TK-Garnelen, aufgetaut
Salz und Pfeffer

In einem Topf das Kokosöl erwärmen und die Zwiebelstücke gemeinsam mit der roten Currypaste anbraten. Dann das komplette Gemüse hinzufügen und kurz mitbraten. Mit der Brühe ablöschen und bei geschlossenem Deckel 15 Minuten köcheln lassen. Anschließend mit dem Pürierstab cremig pürieren. Nun noch die Kokosmilch hinzufügen und das Erdnussmus in der Suppe auflösen. Zum Schluss noch die Garnelen in der Suppe erhitzen und mit Salz und Pfeffer abschmecken.

Nährwerte pro Portion:
Kalorien: 389, Fett: 26,6 g,
Kohlenhydrate: 10,5 g, Eiweiß: 24,6 g

Gulaschsuppe

So eine Gulaschkanone schmeckt aufgewärmt einfach noch besser …

8 Portionen

1 kg Rindergulasch, in kleine Stücke geschnitten
25 g Butterschmalz
500 g Zwiebeln, gehackt
50 g rote Currypaste
250 g Schinkenspeck, in Würfel geschnitten
3 Knoblauchzehen, gehackt
reichlich Paprika, edelsüß, und rosenscharf, Chiliflocken, Majoran, Thymian
3 Dosen geschälte Tomaten á 400 ml
750 ml Gemüsebrühe
2 EL Erythrit
5 Paprika bunt (800 g), in mundgerechte Stücke geschnitten
150 g Pastinaken, in Würfel geschnitten
250 g Karotten, in Würfel geschnitten
200 g Frischkäse
Salz und Pfeffer

In einem großen Topf das Gulasch im Butterschmalz scharf anbraten, dann die Zwiebeln hinzufügen und gut anschwitzen. Die Currypaste dazugeben und mit anrösten. Jetzt noch die Schinkenwürfel und den Knoblauch rein in den Topf und alles gut mischen. Reichlich Gewürze hinzugeben, bloß nicht daran sparen, denn in den Gulaschtopf muss Wumms. In den Topf nun die Dosentomaten geben, außerdem die Brühe und das Erythrit hinzufügen. Deckel drauf und etwa 75 Minuten unter gelegentlichem Umrühren köcheln lassen. Nach der Zeit das komplette Gemüse hinzugeben und weitere 15 Minuten köcheln lassen. Zum Schluss noch den Frischkäse unterrühren. Die Gulaschsuppe mit Salz und Pfeffer abschmecken.

Nährwerte pro Portion:
Kalorien: 427, Fett: 21,1 g, Kohlenhydrate: 19,3 g, Eiweiß: 39,3 g

Asia-Hühnersuppe

Ein schlankes Süppchen, was Bärenkräfte weckt ...

3 Portionen

750 ml kräftig gewürzte Gemüsebrühe
1 Hähnchenschenkel, mit Haut und Knochen
150 g Hähnchenbrustfilet
600 g Zucchini und
250 g Karotten, in Spaghetti geschnitten
150 g rote Zwiebeln, in Ringe geschnitten
1 TL Sambal Oelek
1 TL frischer Ingwer, gerieben
3 TL schwarze Bohnen-Knoblauch-Sauce (als Fertigprodukt – alternativ fermentierte schwarze Bohnen zermatschen, mit heller Sojasauce, Erythrit und gepresstem Knoblauch mischen)
150 g Frühlingszwiebeln, in Ringe geschnitten

In der Gemüsebrühe den Hähnchenschenkel mit Haut und Knochen und das Hähnchenbrustfilet für 30 Minuten kochen. Dann das Fleisch aus der Brühe nehmen und lauwarm abkühlen lassen. Anschließend das Hähnchenfleisch klein schneiden.

In die kochende Gemüsebrühe die Zwiebelringe geben und 5 Minuten köcheln. Dann die Karotten hinzufügen und gemeinsam in der heißen Brühe 2 Minuten köcheln lassen. Nun noch die Zucchinistreifen hinzugeben und weitere 2 Minuten kochend bissfest werden lassen.

Die Würzmittel (Sambal Oelek, Ingwer und schwarze Bohnen-Knoblauch-Sauce) hinzufügen und die Frühlingszwiebeln mit dem Hähnchenfleisch in der heißen Suppe unterrühren.

Nährwerte pro Portion:

Kalorien: 329, Fett: 13,2 g, Kohlenhydrate: 18,8 g, Eiweiß: 31,7 g

Lachs-Brokkoli-Tomaten-Suppe

2 Portionen

15 g Kokosöl
50 g Zwiebeln, gehackt
500 ml passierte Tomaten
500 ml Gemüsebrühe
500 g Brokkoli, in Röschen zerteilt
100 g Frischkäse
200 g geräucherter Lachs, in Streifen geschnitten
Salz und Pfeffer

In einem Topf das Kokosöl erhitzen und die Zwiebelwürfel glasig dünsten. Die passierten Tomaten, die Gemüsebrühe und die Brokkoliröschen zu den Zwiebeln geben. Für 15 Minuten köcheln. Dann pürieren und den Frischkäse in der Suppe schmelzen lassen.

Zum Schluss noch den Lachs zur Suppe geben und durchziehen lassen. Mit Salz und Pfeffer abschmecken.

Nährwerte pro Portion:
Kalorien: 555, Fett: 33,7 g, Kohlenhydrate: 21,2 g, Eiweiß: 35,5 g

So viel gesundes Zeugs. Da wird einem ja ganz blümerant …

Low-Carb-Kartoffelsuppe

Eine cremige Kartoffelsuppe, wie es sie früher nur bei Mama gab …

3 Portionen

50 g Zwiebeln, gehackt
10 g Kokosöl
1 Knoblauchzehe, gehackt
100 g Knollensellerie, gewürfelt
100 g Karotten, gewürfelt
200 g Lauch, in Ringe geschnitten
1,25 l Gemüsebrühe
2 EL Liebstöckel, frisch oder 1 EL getrocknet (auch Maggikraut genannt)
2 TL Erythrit
25 g Kartoffelfasern
150 g Ziegenfrischkäse
1 Prise Muskatnuss, frisch gerieben
3 (Geflügel-)Würstchen (150 g), in Scheiben geschnitten
Petersilie, gehackt
Salz und Pfeffer

Die Zwiebeln in etwas Kokosöl glasig dünsten und die Knoblauchzehe hinzufügen. Das ganze Gemüse hinzugeben und kurz mit anschwitzen. Dann mit der Brühe ablöschen und den Liebstöckel und das Erythrit hinzufügen. Für 15 Minuten köcheln lassen. Nun die Kartoffelfasern unterrühren und 5 Minuten ziehen lassen. Als nächstes die Suppe mit dem Pürierstab pürieren und den Ziegenfrischkäse und die geriebene Muskatnuss untermischen.

In die heiße Low-Carb-Kartoffelsuppe die Würstchenscheiben geben und warm ziehen lassen. Falls die Suppe zu dick sein sollte, etwas weitere Brühe hinzufügen. Mit Salz und Pfeffer abschmecken. Mit etwas Petersilie bestreuen und servieren.

Nährwerte pro Portion:
Kalorien: 290, Fett: 19,2 g, Kohlenhydrate: 8,9 g, Eiweiß: 16,3 g

Vegane Beluga-Bolognese-Suppe

Bolognesesauce geht auch irgendwie vegan ...

4 Portionen

50 g rote Zwiebeln, fein gewürfelt
10 ml Olivenöl, nativ extra
125 g Beluga-Linsen
150 g Staudensellerie geputzt und in Würfel geschnitten
100 g Möhren,
150 g rote Paprika und
350 g Zucchini, gewürfelt
1 EL Erythrit
reichlich getrocknete italienische Kräuter (Oregano, Thymian, Rosmarin ...)
690 ml passierte Tomaten
400 g geschälte Tomaten, aus der Dose
75 g Mandelmuss, hell
50 g gehackte Mandeln, ohne Fett goldgelb geröstet
Salz und Pfeffer

Die gehackten Zwiebeln in etwas Olivenöl andünsten. Die Beluga-Linsen hinzufügen und kurz mitbraten. Dann den Staudensellerie und die Möhren dazugeben. Mit Salz und Pfeffer würzen und das Erythrit und die italienischen Kräuter hinzufügen. Mit den passierten und den geschälten Tomaten und der Gemüsebrühe auffüllen und 20 Minuten kochen lassen. Jetzt noch die Zucchiniwürfel und die Paprikawürfel hinzufügen und weitere 10 Minuten köcheln lassen.

Nun das Mandelmus unterrühren und mit Salz und Pfeffer abschmecken. Beim Anrichten die Suppe mit den gerösteten Mandeln bestreuen.

Nährwerte pro Portion:
Kalorien: 410, Fett: 21,0 g, Kohlenhydrate: 28,8 g, Eiweiß: 19,7 g

Tomaten-Möhren-Suppe mit Garnelen

4 Portionen

Für die Suppe:
15 g Kokosöl
85 g Zwiebeln, gehackt
400 g Möhren, geschält, in Stücke geschnitten
680 ml passierte Tomaten
500 g geschälte Tomaten
2 TL Curry
350 ml Gemüsebrühe
35 g frischer Ingwer, fein gewürfelt
150 g Kräuterfrischkäse

Für die gebratenen Garnelen:
15 ml Kokosöl
300 g Garnelen, roh und geschält
1 TL Sambal Oelek
1 TL Curry
Salz und Pfeffer

Tomaten und Möhren geben eine Suppe, die ganz laut »Iss mich« ruft …

In einem größeren Topf das Kokosöl auf mittlere Hitze erwärmen. Die Zwiebelwürfel glasig dünsten. Dann die Möhrenstücke hinzufügen und kurz mit anbraten. Anschließend mit den passierten Tomaten, den geschälten Tomaten und der Gemüsebrühe ablöschen. Das Currypulver und den Ingwer hinzufügen. Für 15 Minuten köcheln lassen. Nun mit dem Pürierstab fein pürieren. Zum Schluss noch den Kräuterfrischkäse untermischen und mit Salz und Pfeffer abschmecken. In einer Pfanne das Kokosöl erhitzen und die Garnelen scharf anbraten. Das geht ganz schnell. 2–3 Minuten und die Garnelen sind gar. Das Sambal Oelek untermischen und das Curry hinzufügen. Mit Salz und Pfeffer abschmecken.

Nährwerte pro Portion:
Kalorien: 325, Fett: 18,5 g, Kohlenhydrate: 19,3 g, Eiweiß: 18,4 g

Gyrossuppe

6 Portionen

Ein Kurztrip nach Griechenland in der Suppenschüssel ...

500 g Putenschnitzel, in Streifen geschnitten
1 EL Gyrosgewürz
1 TL Paprikapulver, rosenscharf
1 TL Chiliflocken
3 Zehen Knoblauch, gepresst
30 ml Olivenöl, nativ extra
Salz, Pfeffer

10 g Kokosöl
400 g rote Zwiebeln, in Ringe geschnitten
1–2 EL Gyrosgewürz
50 g Tomatenmark, einfach konzentriert
15 g rote Currypaste
1 kg Spitzkohl, ohne Strunk, in Streifen geschnitten
700 g Paprika, bunt, in Stücke geschnitten
600 ml Gemüsebrühe, überwürzt
2 EL Zwiebelgranulat (aus dem Gewürzregal)
200 ml Sahne
100 g Frischkäse
150 g Cheddar, herzhaft, gerieben
1 TL Johannisbrotkernmehl, zum Binden
Salz und Pfeffer

Die Putenschnitzel mit den Gewürzen, dem Knoblauch und Olivenöl in eine Gefriertüte geben und gut durchmischen. Mindestens einen halben Tag im Kühlschrank durchziehen lassen.

In einem großen Bräter das Kokosöl erhitzen und die marinierten Putenstreifen scharf anbraten, damit diese Farbe bekommen. Als nächstes die Zwiebeln hinzufügen und halbweich braten. Das Gyrosgewürz darüberstreuen und gut untermischen. Nun das Tomatenmark und die Currypaste hinzufügen und kurz mit anschwitzen. Spitzkohl und die Paprikastücke hinzufügen und alles gemeinsam anbraten.

Mit der Brühe ablöschen und das Zwiebelgranulat unterrühren. Den Deckel schließen und für 20 Minuten unter gelegentlichem Rühren köcheln lassen.

Anschließend Sahne und Frischkäse hinzufügen, den Cheddar in der heißen Suppe schmelzen lassen und die Suppe mit Salz und Pfeffer abschmecken. Dann den Topf von der heißen Herdplatte ziehen. In einer Tasse das Johannisbrotkernmehl mit etwa 50 ml kaltem Leitungswasser anrühren und direkt zügig unter die heiße Suppe rühren. Den Topf zurück auf die heiße Herdplatte stellen und kurz aufkochen lassen.

Nährwerte pro Portion:
Kalorien: 506, Fett: 31,2 g, Kohlenhydrate: 18,8 g, Eiweiß: 35,5 g

Indische Hack-Spinat-Suppe

4 Portionen

10 g Kokosöl
50 g gelbe Currypaste oder Curry als Pulver
85 g Zwiebeln, gehackt
500 g Putenhackfleisch
150 g rote Paprika, in mundgerechte Stücke geschnitten
150 g Karotten, in Stücke geschnitten
400 g braune Champignons, geviertelt
400 ml Dose Kokosmilch
400 ml heißes Wasser
250 g TK-Blattspinat aufgetaut und das Wasser ausgedrückt
1 TL Johannisbrotkernmehl
Salz und Pfeffer

Das Kokosöl in einem Topf erwärmen und die Currypaste darin anschwitzen. Dann die Zwiebeln und nach 1–2 Minuten das Hackfleisch hinzufügen und alles krümelig braten. Das Gemüse (außer dem Spinat) untermischen. Nun die Kokosmilch und das Wasser dazugeben und 10 Minuten köcheln lassen. Zum Schluss noch den Spinat unterrühren.

Die Suppe von der heißen Platte ziehen. In einer Tasse das Johannisbrotkernmehl mit etwa 50 ml kaltem Wasser mischen. Dies dann zügig in die warme Suppe rühren. Zurück mit dem Topf auf die heiße Platte und noch einmal kurz aufkochen lassen. Mit Salz und Pfeffer abschmecken.

Nährwerte pro Portion:
Kalorien: 495, Fett: 35,5 g, Kohlenhydrate: 9,7 g, Eiweiß: 29,0 g

Bei dem Duft tanzt halb Bollywood durch die Küche ...

Hot-Dog-Suppe

5 Portionen

15 g Kokosöl
400 g rote Zwiebeln, in Ringe geschnitten
500 g Paprika (rot/gelb/grün), in Streifen geschnitten
500 g geschälte Tomaten
1 l heiße Gemüsebrühe
580 g Sauerkraut
250 g Schmand, 20 % Fett
30 g Senf, mittelscharf
500 g Puten-Wiener (Würstchen), in Scheiben geschnitten
125 g saure Gurken, in Scheiben geschnitten
1/2 TL Johannisbrotkernmehl

In einem Topf das Kokosöl erhitzen und die Zwiebelringe braun braten. Es sollen sich Röstaromen entwickeln. Dann die Paprikastreifen hinzufügen und kurz mit anbraten. Mit den geschälten Tomaten und der Gemüsebrühe ablöschen. Für 10 Minuten köcheln lassen.

Anschließend das Sauerkraut, den Schmand und den Senf unterrühren. Abschließend noch die Würstchen und die Gurkenscheiben hinzufügen. Mit Salz und Pfeffer abschmecken. Das Johannisbrotkernmehl in etwas kaltem Wasser anrühren und zügig in die nicht mehr kochende Suppe rühren. Noch einmal aufkochen lassen.

Nährwerte pro Portion:
Kalorien: 451, Fett: 32,6 g, Kohlenhydrate: 16,4 g, Eiweiß: 20,4 g

Und noch so eine verflixt leckere Suppe …

Pekingsuppe

4 Portionen

1,25 l Hühnerbrühe
500 g Hähnchenbrustfilet
25 g Kokosöl
150 g Zwiebeln, in Streifen geschnitten
500 g Brokkoli, in Röschen zerteilt
250 g Champignons, geviertelt
150 g Karotten, in Streifen geschnitten
1 EL dunkle Sojasauce
3 EL helle Sojasauce
1 EL Ingwer, gerieben
2 Knoblauchzehen, gepresst
1 TL Sambal Oelek
15 ml heller Balsamicoessig
1 EL Erythrit
50 ml Ketchup, light (alternativ Tomatenmark, Essig, Erythrit mischen)
250 g Bohnensprossen
3 Eier, Größe L, zu Rührei verquirlt und mit Salz und Pfeffer gewürzt
1 TL Johannisbrotkernmehl
100 g Frühlingszwiebeln, in Ringe geschnitten
400 ml geschälte Tomaten, aus der Dose
Salz und Pfeffer

Ching-Chang-Chong. Chinese sein nicht dumm …

Die Hühnerbrühe in einem Topf erhitzen und die Hühnerbrüste darin für 30 Minuten köcheln lassen. Anschließend das Fleisch aus der Brühe nehmen und abgekühlt in kleine Stücke schneiden.

In einem weiteren großen Topf das Kokosöl erhitzen. Die Zwiebelstreifen glasig dünsten. Dann den Brokkoli, die Champignons und die Karotten zufügen. Alles kurz anbraten. Anschließend mit den geschälten Tomaten ablöschen und die Brühe hinzufügen.

Alle Würzmittel und den Ketchup untermischen. Für 10 Minuten köcheln lassen. Nun noch die Bohnensprossen untermischen.

In die heiße Suppe kreisförmig verteilt das flüssige Ei gießen und 2 Minuten in Ruhe stocken lassen. Anschließend die klein geschnittene Hähnchenbrust dazugeben und wieder warm werden lassen. Das Johannisbrotkernmehl in etwas kaltem Wasser anrühren und zügig in die Suppe rühren. Einmal kurz aufkochen lassen. Als letztes noch mit Salz und Pfeffer abschmecken und die Frühlingszwiebelringe unterrühren.

Nährwerte pro Portion:
Kalorien: 378, Fett: 12,9 g, Kohlenhydrate: 17,8 g, Eiweiß: 45,5 g

Fleischige Genüsse: Dazu viel gesundes Gemüse

Als leidenschaftlich fleischfressende Pflanze fallen mir zum Thema Fleisch unglaublich viele schmackhafte Leckereien ein. Wichtig ist mir jedoch, dass eine moderate Menge Fleisch stets mit einem Berg an Gemüse auf den Teller kommt. Achten Sie auf die Herkunft des Fleisches und kaufen Sie, da wo es möglich ist, direkt beim Erzeuger. Fragen Sie nach, was das Tier auf Ihrem Teller für ein Leben hatte. Massentierhaltung oder tiergerechte Haltung? Sie entscheiden und den Unterschied schmeckt man. Weniger Masse und mehr Klasse ist die Devise. Damit Fleisch auch wirklich zu einem Genuss mit gutem Gefühl wird. Hier kommen 30 Ideen, die selbst Fleischverweigerern den Zahn tropfen lassen.

Paprikapizzinis Schinken-Pilze

2 Portionen

600 g rote Paprika, das Kerngehäuse entfernen und gedrittelte oder geviertelte Schiffchen schneiden

Die Tomatenbasis:
75 g Tomatenmark, einfach konzentriert
15 ml Olivenöl, nativ extra
15 ml heller Balsamicoessig
1 TL Senf
Salz und Pfeffer

Die Pizzini-Schinken-Pilz-Mischung:
100 g gekochter Schinken, in dünne Streifen geschnitten
100 g Champignons, gehackt
100 g rote Zwiebeln, gehackt
100 g Gouda, mittelalt, gerieben
1 EL Pizzagewürz

Den Backofen auf 175 Grad Umluft vorheizen.

Die Zutaten für die Tomatenbasis mischen.

Den Belag für die Pizzinis mischen und die Tomatenbasis unterrühren. Alles in die Paprikaschalen füllen und für 25 Minuten damit in den Ofen.

Nährwerte pro Portion:
Kalorien: 475, Fett: 27,0 g, Kohlenhydrate: 27,1 g, Eiweiß: 26,4 g

Blumenkohlcouscous mit Filetstreifen und Joghurt-Minz-Dip

3 Portionen

Für das Blumenkohlcouscous:
15 ml Olivenöl, nativ extra
100 g rote Zwiebeln, gehackt
950 g Blumenkohl, grob geraspelt
150 g rote Paprika, gewürfelt
100 g Karotten, gewürfelt
je 1 TL Kurkuma, Paprika, scharf, Kreuzkümmel
2 EL Harissapaste
30 g Tahinpaste
Salz und Pfeffer

Das Morgenland in seiner vollen Pracht …

2 Filetsteaks á 200 g, mit Olivenöl einpinseln

Für den Joghurtdip:
150 g griechischer Joghurt, 10 % Fett
1 Knoblauchzehe, gepresst
1 TL Dill
1/2 TL Minze-Pulver (gemahlene getrocknete Nana-Minze)
1/2 TL Kreuzkümmel
1/2 TL Erythrit
Salz und Pfeffer

Den Joghurtdip anrühren und kalt stellen.
Den Backofen auf 90 Grad Umluft vorheizen.

Die beiden Steaks von beiden Seiten jeweils 3–4 Minuten scharf braten. Perfekt klappt das in einer gusseisernen Pfanne mit Rillen. Dann in Alufolie packen und für 10 Minuten in den Backofen legen.

Das Olivenöl in einem Topf erhitzen und die Zwiebeln 2–3 Minuten glasig dünsten. Dann den Blumenkohl, die Paprika- und Karottenwürfel hinzufügen. Gemeinsam 7–8 Minuten braten. Immer wieder durchrühren. Nun noch die Gewürze, die Harissa- und die Tahinpaste untermischen. Mit Salz und Pfeffer abschmecken.

Die Steaks aus dem Ofen holen und einige Minuten ruhen lassen. Mit Salz und Pfeffer würzen und in Streifen schneiden. Die Steakstreifen auf dem Blumicous anrichten und den Joghurt-Minz-Dip daraufgeben.

Nährwerte pro Portion:
Kalorien: 464, Fett: 19,5 g, Kohlenhydrate: 21,6 g, Eiweiß: 43,1 g

Petersilienwurzelpommes mit Köttbullar und Sauerkirschchutney

4 Portionen

Für das Sauerkirschchutney:
10 g Kokosöl
35 g rote Zwiebeln, gehackt
150 g Sauerkirschen, gefroren
1 TL heller Balsamicoessig
2 TL Erythrit
1 TL Thymian, getrocknet
Salz und Pfeffer

Für die Petersilienwurzelpommes:
1,2 kg Petersilienwurzeln, in Pommes geschnitten
30 ml Olivenöl, nativ extra
1 TL Paprika, scharf
Salz und Pfeffer

Für die Köttbullar-Fleischbällchen:
200 g mageres Rinderhack
200 g Wurstbrät, grob
1 Ei, Größe M
1 TL Thymian, getrocknet
15 g Haferkleie (alternativ 10 g Flohsamenschalen)
10 g Kokosöl

Da kann der Möbelriese noch was bei mir lernen …

Für die helle Bratensauce:
50 g rote Zwiebeln, gewürfelt
1 TL Tomatenmark
150 ml Wasser
1 TL Sojasauce, dunkel
75 g Frischkäse
25 g Parmesan, fein gerieben

Für das Chutney das Kokosöl in einem kleinen Topf erwärmen. Die Zwiebelwürfel einige Minuten glasig dünsten. Nun die Sauerkirschen hinzufügen. Den Essig, das Erythrit und den Thymian dazugeben und alles gemeinsam 10 Minuten offen köcheln lassen. Mit Salz und Pfeffer abschmecken und abkühlen lassen.

Den Backofen auf 175 Grad Umluft vorheizen.

Die Pommes aus Petersilienwurzeln mit dem Olivenöl beträufeln und würzen. In eine große Ofenform geben und für 25 Minuten in den Ofen stellen.

Die Zutaten für die Hackbällchen vermengen. Mit der Hand kleine Bällchen mit 3–4 cm Durchmesser formen. In einer Pfanne mit Kokosöl die Köttbullar 10 Minuten braten und dann aus der Pfanne nehmen.

Im Bratfett der Fleischbällchen die Zwiebeln andünsten. Das Tomatenmark hinzufügen. Nun mit dem Wasser ablöschen. Sojasauce und Frischkäse einrühren. Kurz aufkochen lassen. Dann noch den Parmesan in der Sauce schmelzen lassen.

Nährwerte pro Portion:
Kalorien: 572, Fett: 33,9 g, Kohlenhydrate: 27,8 g, Eiweiß: 34,1 g

Bärlauchblumisagne

4 Portionen

Für die Blumenkohlplatten:
75 g Zwiebeln, gehackt
10 g Kokosöl
1,2 kg Blumenkohl, grob geraspelt
2 TL Gemüsebrühe, als Pulver
75 g Gouda, mittelalt, gerieben
3 Eier, Größe M, zu Rührei verquirlt

Eine leckere Blumenkohllasagne mit frühlingshaftem Bärlauch …

Für die Bärlauchbolognese:
400 g mageres Rinderhackfleisch
10 g Kokosöl
50 g Zwiebeln, gehackt
100 g Rohschinkenwürfel
500 g geschälte Tomaten, aus der Dose
400 ml Wasser
30 g Tomatenmark, einfach konzentriert
1 EL Erythrit
75 g Frischkäse
100 g frischer Bärlauch, in Streifen geschnitten
50 g Gouda, mittelalt, gerieben, zum Überbacken
Salz und Pfeffer

Den Backofen auf 180 Grad Umluft vorheizen.

Das Hackfleisch in einem Topf in Kokosöl anbraten und die Zwiebelwürfel hinzugeben. Braten, bis das Hackfleisch bröselig ist. Die Schinkenwürfel untermischen und ebenfalls anrösten. Dann mit den geschälten Tomaten und dem Wasser ablöschen. Das Tomatenmark und das Erythrit im Topf verrühren. Mit Salz und Pfeffer abschmecken. Die Tomatensauce offen 20 Minuten köcheln lassen, damit die Flüssigkeit verdampft.

In einem weiteren Topf die Zwiebelwürfel in Kokosöl anschwitzen und den Blumenkohl hinzufügen. Kräftig mit dem Gemüsebrühepulver würzen. Wenn der Blumenkohl halbgar gebraten ist, dann lauwarm abkühlen lassen. Immer wieder durchrühren, damit Feuchtigkeit entweichen kann. Anschließend den geriebenen Käse und die flüssigen Eier unterrühren. Den Blumenkohlteig auf ein mit Backpapier ausgelegtes Blech geben und zu einer großen Platte verteilen und festdrücken. Bis in die Ecken das komplette Blech ausnutzen. Dann 25–30 Minuten in den Ofen damit.

Wenn die Flüssigkeit der Tomatensauce fast verschwunden ist, den Herd ausschalten und den Frischkäse und zum Schluss den Bärlauch unterrühren.

Die fertige Blumenkohlplatte in 4 Teile zerteilen. In eine Auflaufform etwas Sauce auf den Boden geben und vorsichtig das erste Viertel der Blumenkohlplatte in die Form bugsieren. Dann Sauce drauf und den nächsten Teil darauflegen. So fortfahren, bis alle 4 Platten in der Auflaufform sind und für oben noch etwas Sauce übrig ist. Abschließend noch den Gouda auf der Lasagne verteilen und für 25 Minuten in den Ofen stellen.

Nährwerte pro Portion:
Kalorien: 565, Fett: 32,0 g,
Kohlenhydrate: 14,3 g, Eiweiß: 49,5 g

Fenchel-Bratwurst-Frittata

2 Portionen

4 Eier, Größe L, verquirlt, mit Salz und Pfeffer gewürzt
100 g Spinat, jung, gehackt, aufgetaut
225 g Bratwurstbrät, grob, in kleine Kugeln gerollt
400 g Fenchelknolle, in Streifen geschnitten
Salz und Pfeffer

Den Backofen auf 175 Grad Umluft vorheizen.

Die verquirlten Eier mit dem gehackten Spinat mixen.

In einer großen heißen Pfanne die Bratwurstkugeln ohne zusätzliches Fett anbraten. Nach 4–5 Minuten den Fenchel hinzufügen und gemeinsam 5–6 Minuten braten. Mit Salz und Pfeffer würzen. Dann das Spinatei hinzufügen und gemeinsam für 10 Minuten in den Ofen damit.

Nährwerte pro Portion:
Kalorien: 509, Fett: 34,9 g, Kohlenhydrate: 9,7 g, Eiweiß: 38,8 g

Fenchel und Bratwurst geben einen tollen Geschmack …

Tex-Mex-Paprika

Bohnen und Habanerochili grüßen aus dem Wilden Westen …

4 Portionen

800 g rote Paprika, jeweils längs gedrittelt oder geviertelt, damit Paprikaschälchen entstehen
400 g mageres Rinderhackfleisch
85 g rote Zwiebeln, gewürfelt
2 Zehen Knoblauch, fein gehackt
15 ml Olivenöl, nativ extra
1 scharfe Habanerochili, gehackt
(alternativ andere Chili oder getrocknete Chiliflocken)
50 g Tomatenmark, einfach konzentriert
1 TL Kreuzkümmel
1 TL Paprika, rosenscharf
2–3 EL Wasser
1 Dose abgetropfte Kidneybohnen (Abtropfgewicht 240 g), mit Wasser abspülen
100 g Frischkäse
100 g Gouda, mittelalt, gerieben
Salz und Pfeffer

Den Backofen auf 180 Grad Umluft vorheizen.

Das Hackfleisch, die Zwiebeln und den Knoblauch in Olivenöl anbraten. Die Chilistücke und das Tomatenmark zufügen und gut durchrühren. Kräftig mit Kreuzkümmel, Rosenpaprika, Salz und Pfeffer würzen. Etwa 5–10 Minuten unter Rühren braten. Das Wasser hinzugeben, damit nichts anhängt. Am Ende die Kidneybohnen zufügen und den Frischkäse unterrühren. Die Hackfleischmischung in die vorbereiteten Paprikaschalen füllen, auf ein Backblech mit Backpapier legen und mit dem geriebenen Gouda bestreuen. Für 25 Minuten in den Ofen damit.

Nährwerte pro Portion:
Kalorien: 557, Fett: 33,0 g, Kohlenhydrate: 26,1 g, Eiweiß: 34,3 g

Chickenkorma mit Mandel-Blumenkohl-Reis

5 Portionen

Für das Chickenkorma:
10 g Kokosöl
500 g Hähnchenbrust, in ragoutgroße Stücke geschnitten
150 g Möhren und
250 g rote Paprika, in Würfel geschnitten
1 TL Koriander
1/2 TL Kreuzkümmel
1 TL Curry
1/2 TL Paprika, scharf
150 g Blattspinat, gefroren und aufgetaut
und das Wasser ausgedrückt
250 g Schmand, 20 % Fett
100 ml Wasser
40 g Mandelmus, hell
1 Prise Zimt
Salz und Pfeffer

Mild und würzig zugleich ist dieses traditionelle indische Gericht ...

Für den Mandel-Blumenkohl-Reis:
10 g Kokosöl
100 g Zwiebeln, gehackt
1,5 kg Blumenkohl, geraspelt
3 TL Gemüsebrühe, als Pulver
40 g Mandelmus, hell
40 g Mandelblättchen, ohne Fett rösten und mit den Kormagewürzen (Koriander, Kreuzkümmel, Curry, Paprika, scharf, Zimt, Salz und Pfeffer) heiß würzen
Salz und Pfeffer

In einem Topf das Kokosöl erhitzen und das Hähnchenfleisch für 3–4 Minuten anbraten. Nun das Gemüse außer dem Spinat hinzufügen und für weitere 2–3 Minuten braten. Die Gewürze und den Spinat dazugeben und gut unterrühren. Mit dem Schmand und dem Wasser abloschen. Anschließend das Mandelmus hinzufügen und alles 6–8 Minuten köcheln lassen. Mit Salz und Pfeffer abschmecken. Wenn die Sauce zu dick wird, noch etwas Wasser unterrühren.

In einem weiteren Topf Kokosöl erhitzen und die Zwiebelwürfel für einige Minuten glasig dünsten. Den Blumenkohl hinzufügen und bissfest garen. Dabei immer wieder rühren. Das Gemüsebrühepulver und das Mandelmus untermischen. Zum Schluss noch 2/3 der gerösteten Mandelblättchen zu dem Mandel-Blumenkohl-Reis geben.

Den Mandel-Blumenkohl-Reis mit dem Chickenkorma anrichten und mit den restlichen Mandelblättchen bestreuen.

Nährwerte pro Portion:
Kalorien: 545, Fett: 31,9 g, Kohlenhydrate: 17,5 g,
Eiweiß: 39,1 g

Putenporchetta mit Spinat-Ricotta-Muffins

5 Portionen

Für den Putenporchetta mit Sauce:
1 Putenoberkeule (1 kg) mit Haut und vorsichtig ausgelöstem Knochen
frische oder getrocknete italienische Kräuter (Rosmarin, Fenchelsamen, Thymian, Salbei, Oregano etc.), gehackt
3 Knoblauchzehen, in feine Scheiben geschnitten
500 ml Gemüsebrühe
100 g Zwiebeln, in grobe Ringe geschnitten
300 g Fenchelknolle, in Streifen geschnitten
10 ml Olivenöl, nativ extra
40 g Tomatenmark
50 g Frischkäse
Salz und Pfeffer

Für die 10 Spinat-Ricotta-Muffins:
500 g Ricotta
2 Eier, Größe L
500 g TK-Blattspinat, aufgetaut und das Wasser ausgedrückt
100 g Parmesan, gerieben
20 g Kartoffelfasern
Muskatnuss, gerieben
Salz und Pfeffer

Den Backofen auf 175 Grad Umluft vorheizen.

Die ausgebeinte Putenoberkeule innen mit Salz und Pfeffer würzen. Anschließend mit den Kräutern und dem Knoblauch füllen. Das Fleisch zusammenklappen und mit einem entsprechenden Faden zu einem Rollbraten binden. Von außen den Braten ebenfalls mit Salz, Pfeffer und Kräutern würzen.

In einem Bräter den Rollbraten in den Ofen geben und für 45 Minuten backen. Nach den 45 Minuten die Brühe und das Gemüse dazugeben und für weitere 45 Minuten braten.

Während der Porchetta im Ofen schmort, die Zutaten für die Spinat-Ricotta-Muffins mischen und in die Förmchen füllen. Die Muffins in den letzten 20 Minuten des Rollbratens mit in den Ofen stellen.

Den Braten aus dem Ofen holen und die Spinat-Ricotta-Muffins nochmal 10–15 Minuten backen lassen. Den Porchetta auf ein Schneidbrett legen und ruhen lassen. In der Zwischenzeit in einem kleinen Topf etwas Öl erhitzen und das Tomatenmark anschwitzen. Dann mit dem Bratensatz und dem Gemüse aus dem Bräter ablöschen und gut durchmischen. Das Röstgemüse pürieren und bei Bedarf noch etwas Wasser hinzugeben, bis es eine Konsistenz wie eine Sauce hat. Den Frischkäse dazugeben und noch final mit Salz und Pfeffer abschmecken.

Nun den Putenrollbraten aufschneiden und mit den Spinat-Ricotta-Muffins und der Sauce servieren.

Nährwerte pro Portion:
Kalorien: 760, Fett: 50,4 , Kohlenhydrate: 11,5 g, Eiweiß: 58,3 g

Ein Sonntagsbraten nach italienischer Art …

Low-Carb-Schüttelpizza

Die gerüttelte und geschüttelte Low-Carb-Pizza …

3 Portionen

200 g Hüttenkäse/körniger Frischkäse, 20 % Fett
125 g Mozzarella, fein gehackt
50 g Parmesan, gerieben
3 Eier, Größe M, mit Salz und Pfeffer zu Rührei verquirlt
25 g Haferkleie (alternativ 10 g Flohsamenschalen)
100 g rote Paprika, in kleine Würfel geschnitten
75 g gekochter Schinken, in Streifen geschnitten
100 g rote Zwiebeln, gehackt
25 g softe getrocknete Tomaten (nicht die in Öl), klein geschnitten
15 ml Olivenöl, nativ extra
2 TL Pizzagewürz oder Oregano
Salz und Pfeffer

Den Backofen auf 175 Grad Umluft vorheizen.

Alle Zutaten in eine große Schüssel geben. Deckel drauf und schütteln, was das Zeug hält. Alternativ alle Zutaten in eine Schüssel geben und mit der Küchenmaschine oder dem Rührgerät verrühren.

Die Mischung für die Low-Carb-Schüttelpizza auf ein mit Backpapier vorbereitetes Blech als dünne Fläche verteilen. Für 30–35 Minuten backen. Dazu passt ein schöner großer bunter Salat.

Nährwerte pro Portion:
Kalorien: 449, Fett: 36,6 g, Kohlenhydrate: 12,5 g, Eiweiß: 36,6 g

Hähnchenbrust im Schinkenmantel mit Spinat-Gorgonzola-Blumisotto

4 Portionen

Für die Hähnchenbrust im Schinkenmantel:
10 g Kokosöl
4 Hähnchenbrüste á 150 g, längs jeweils in 2 Filets zerteilt, mit Salz und Pfeffer würzen
8 Scheiben italienischer roher Schinken

Für das Spinat-Gorgonzola-Blumisotto:
15 ml Olivenöl, nativ extra
85 g Zwiebeln, gewürfelt
1 kg Blumenkohl, grob geraspelt
225 g junger gehackter TK-Spinat, bereits aufgetaut
100 g Gorgonzola, mild
100 g Frischkäse
Salz und Pfeffer

Den Backofen auf 175 Grad Umluft vorheizen.

Einen Topf erhitzen und etwas Kokosöl hineingeben. Die Hähnchenbrustfilets kurz von beiden Seiten scharf anbraten und aus der Pfanne nehmen. Angebraten in den italienischen Schinken hüllen und in einer Auflaufform für 15 Minuten in den Ofen stellen. Für das Spinat-Gorgonzola-Blumisotto in das Bratfett von den Hähnchenteilen das Olivenöl hinzufügen und darin die Zwiebelwürfel glasig dünsten. Den geraspelten Blumenkohl dazugeben und einige Minuten braten. Dann den Spinat untermischen und erwärmen. Wenn der Blumenkohl bissfest ist, dann noch den Gorgonzola und den Frischkäse zufügen. Alles gut durchmischen, damit das Blumisotto heiß wird. Mit Salz und Pfeffer abschmecken. Das Blumisotto gemeinsam mit der Hähnchenbrust anrichten und genießen.

Nährwerte pro Portion:
Kalorien: 541, Fett: 29,1 g, Kohlenhydrate: 6,9 g, Eiweiß: 58,8 g

Low-Carb-Kohlrabilasagne

4 Portionen

1,2 kg Kohlrabi, geschält und in 3–4 mm dicke Scheiben geschnitten
15 ml Olivenöl
85 g rote Zwiebeln, gehackt
350 g gemischtes Hackfleisch
125 g Baconwürfel
1 Zehe Knoblauch, gehackt
150 g Fenchel, in Würfel geschnitten
25 g Tomatenmark, einfach konzentriert
1 TL rote Currypaste
400 g geschälte Tomaten, aus der Dose
200 ml Wasser
1 EL dunkler Balsamicoessig
1 EL italienische getrocknete Kräuter (Rosmarin, Oregano, Thymian etc.)
125 g Mozzarella, in kleine Würfeln geschnitten
Salz und Pfeffer

Den Backofen auf 175 Grad Umluft vorheizen.

Die Kohlrabischeiben in einem Topf mit etwas Wasser für 6–8 Minuten vorgaren und dann abgießen.

Einen weiteren Topf auf mittlere Hitze erwärmen und die Zwiebeln in Olivenöl glasig andünsten. Dann das Hackfleisch dazugeben und krümelig braten. Nun noch die Baconwürfel, den Knoblauch und die Fenchelwürfel untermischen. Das Tomatenmark und die Currypaste dazugeben und alles gemeinsam 2–3 Minuten braten. Anschließend mit den Tomaten und dem Wasser ablöschen und den Balsamicoessig unterrühren. Die Kräuter hinzufügen und mit Salz und Pfeffer würzen. Die Bolognesesauce nun 25 Minuten offen kochen und dabei die Flüssigkeit reduzieren lassen.

Etwas von der Sauce auf den Boden einer großen Auflaufform geben. Darauf die Kohlrabischeiben verteilen und darüber wieder Bolognesesauce. So fortfahren, bis alle Zutaten aufgebraucht sind. Ganz oben sollte ein kleiner Rest Sauce sein, der dünn verteilt ist. Auf der Lasagne nun die Mozzarellawürfel verteilen und die Kohlrabilasagne für 25 Minuten in den Ofen stellen.

Nährwerte pro Portion:
Kalorien: 512, Fett: 32,3 g, Kohlenhydrate: 17,0 g, Eiweiß: 35,8 g

Um Lasagne zu lieben, muss man nicht Garfield heißen …

Orient-Mangold-Hackfleisch-Pfanne

2 Portionen

15 ml Olivenöl, nativ extra
85 g Zwiebeln, gehackt
250 g mageres Rinderhack
150 g Möhren, gewürfelt
500 g Mangold, gewaschen, in Streifen geschnitten
30 g Mandelmus, hell
10 g Harissapaste
Salz und Pfeffer

In einem Topf das Olivenöl erhitzen. Darin die Zwiebelwürfel glasig dünsten. Nun das Hackfleisch hinzufügen und einige Minuten krümelig braten. Als nächstes die Karottenwürfel dazugeben und 2–3 Minuten im Topf bissfest garen. Als letztes Gemüse noch die Mangoldstreifen untermischen und alles zusammen 5–6 Minuten braten.

Das Mandelmus und die Harissapaste in einem Schälchen verrühren. Wenn die Hackfleischpfanne fertig ist, dann die cremige Mischung unterrühren. Abschließend mit Salz und Pfeffer abschmecken.

Nährwerte pro Portion:
Kalorien: 465, Fett: 28,6 g, Kohlenhydrate: 10,2 g, Eiweiß: 35,0 g

So ein wenig Orient darf es doch gerne sein …

Auberginenpizzas

2 Portionen

700 g Aubergine, in 1 cm dicke Scheiben geschnitten
40 ml Olivenöl, nativ extra
100 g gekochter Schinken, in Streifen geschnitten
100 g Gouda, mittelalt, grob gerieben
125 g rote Paprika, in kleine Würfel geschnitten
100 g rote Zwiebeln, gehackt
75 g getrocknete Tomate, in Öl, klein geschnitten
1 EL Pizzagewürz
Salz und Pfeffer

Einfach verdammt lecker ...

Den Backofen auf 185 Grad Umluft vorheizen.

Die Auberginenscheiben mit Öl bepinseln. Mit Salz und Pfeffer bestreuen. Auf ein Backblech mit Backpapier legen und für 25 Minuten in den Ofen schieben. Für den Belag alle Zutaten in einer Schüssel mischen.

Nach den 25 Minuten das Blech aus dem Ofen holen und die Mischung auf den Auberginenscheiben verteilen. Zurück in den Ofen für weitere 10 Minuten.

Nährwerte pro Portion:
Kalorien: 598, Fett: 42,3 g, Kohlenhydrate: 24,1 g, Eiweiß: 27,7 g

Zwiebel-Sahne-Schnitzel mit deftiger Bratrübe

4 Portionen

Für die Zwiebel-Sahne-Schnitzel:
600 g Putenschnitzel (4 Stück), in jeweils 2 Teile geschnitten
15 ml Olivenöl, nativ extra
400 g Zwiebeln, in Ringe geschnitten
2 TL Zwiebelgranulat (aus dem Gewürzregal)
2 TL Gemüsebrühe, als Pulver
200 g Sahne
50 ml Milch
75 g Gruyère-Käse, gerieben
Salz und Pfeffer

Für die deftige Bratrübe:
1,2 kg Steckrüben, in Stücke geschnitten
200 g rote Zwiebeln, in Ringe geschnitten
125 g Schinkenspeck, in Streifen geschnitten
2 TL Zwiebelgranulat
30 g flüssige Butter
Salz und Pfeffer

Meine Hommage an das allseits beliebte Maggi-Zwiebelsuppen-Sahne-Schnitzel …

Den Backofen auf 180 Grad vorheizen.

Die Putenschnitzel salzen und pfeffern und in einer Pfanne kurz von beiden Seiten in etwas Öl anbraten. Die Schnitzel aus der Pfanne nehmen. In der heißen Pfanne jetzt die Zwiebelringe mit weiterem Olivenöl weich braten. Wenn die Zwiebeln weich und auch etwas gebräunt sind, das Zwiebelgranulat mit dem Gemüsebrühepulver unterrühren und die Sahne mit der Milch zufügen. Mit Salz und Pfeffer abschmecken. Durch das Zwiebelgranulat wird die Sauce sämig und das Gemüsebrühepulver gibt einen würzigen Geschmack.

Die Schnitzel fächerartig in eine Auflaufform legen und die Zwiebel-Sahne-Mischung darüber geben. Abschließend noch den geriebenen Gruyère über der Zwiebelmasse verteilen.

Die Steckrübenstücke in etwas Wasser 7–8 Minuten kochen und dann abgießen. Die halbgaren Stücke in eine weitere Auflaufform geben und die roten Zwiebeln, den Schinkenspeck und das Zwiebelgranulat mit Salz und Pfeffer zufügen. Gut mischen und die flüssige Butter über den Steckrübenstücken verteilen.

Beide Auflaufformen gemeinsam für 30 Minuten in den Backofen stellen.

Die Bratrübe einmal zwischendurch mischen und eine Garprobe am Schluss machen.

Nährwerte pro Portion:
Kalorien: 684, Fett: 39,2,6 g, Kohlenhydrate: 28,8 g, Eiweiß: 55,6 g

Steckrüben-Kartoffel-Stampf mit Zigeunerfrikadellen

5 Portionen

Für den Steckrüben-Kartoffel-Stampf:
1,2 kg Steckrüben, in mundgerechte Stücke geschnitten und in der Mikrowelle oder auf dem Herd mit etwas Wasser weich garen. Zeitdauer 15–20 Minuten. Das Kochwasser anschließend abgießen.
50 g Mandelmus
15 g Kartoffelfasern
2 TL Gemüsebrühe, als Pulver
frisch geriebene Muskatnuss
Salz und Pfeffer

Für die Frikadellen:
25 g Haferkleie
25 ml Wasser
85 g Zwiebeln, fein gehackt
25 g Butterschmalz
700 g gemischtes Hackfleisch
10 g Senf, mittelscharf
1 Ei, Größe L
2 TL Majoran, getrocknet
1 TL Paprikapulver, scharf
Salz und Pfeffer

Für die Paprikasauce:
600 g Paprika (rot und gelb), in mundgerechte Stücke geschnitten
15 ml Olivenöl, nativ extra
50 g Ajvar, scharf, mit
50 g Ketchup, zuckerfrei, und
50 g Frischkäse mischen
Salz und Pfeffer

Den Backofen auf 175 Grad Umluft vorheizen.

Für die Frikadellen die Haferkleie mit dem Wasser mischen und 10 Minuten quellen lassen. In der Zwischenzeit, in einer kleinen Pfanne, die fein gehackten Zwiebelwürfel in etwas Butterschmalz glasig dünsten. In einer Schüssel das Hackfleisch mit allen anderen Zutaten (Haferkleie, Zwiebeln, Ei, Gewürze) mischen und Frikadellen formen.

Die Paprikastücke in eine Ofenform geben. Mit dem Olivenöl und mit Salz und Pfeffer mischen. Für 20 Minuten in den Ofen stellen und rösten.

Das weiche warme Steckrübenfleisch stampfen und das Mandelmus untermischen. Nun die Kartoffelfasern unterrühren. Noch mit dem Gemüsebrühepulver, kräftig Muskatnuss, Salz und etwas Pfeffer abschmecken. Bei Bedarf noch etwas heiße Milch zufügen, bis die gewünschte Konsistenz erreicht ist.

Eine große Pfanne mit Butterschmalz erhitzen. Darin die Frikadellen für etwa 15–20 Minuten von beiden Seiten braun braten.

Die gerösteten Paprika aus dem Ofen holen. Die Mischung aus Ajvar-Ketchup-Frischkäse unter die gerösteten Paprikastücke rühren und für 5 Minuten zurück in den Ofen damit.

Die fertigen Frikadellen mit dem Steckrüben-Kartoffel-Stampf und dem Zigeuner-Paprika-Gemüse anrichten.

Nährwerte pro Portion:
Kalorien: 663, Fett: 44,7 g, Kohlenhydrate: 25,8 g, Eiweiß: 35,5 g

Hausmannskost, deftig und sättigend …

Mozzarella-Meatballs in Tomatensauce mit Zucchininudeln

4 Portionen

1,5 kg Zucchini, zu Spaghetti geschnitten
15 g Butter

400 g grobes Bratwurstbrät/Mett
85 g Zwiebeln, gehackt
10 ml Olivenöl, nativ extra
1 Knoblauchzehe, gehackt
500 g geschälte Tomaten, aus der Dose
30 g Tomatenmark, einfach konzentriert
1 EL dunkler Balsamicoessig
1 TL Erythrit
Oregano, getrocknet
125 g Mozzarella, gewürfelt, zum Bestreuen
Salz und Pfeffer

Den Backofen auf 175 Grad Umluft vorheizen.

Das gewürzte Bratwurstbrät aus der Wursthülle lösen und das Brät in Bällchen formen von etwa 3–4 cm Durchmesser.

Die Zwiebeln in einem Topf mit dem Olivenöl glasig dünsten und den Knoblauch hinzufügen. Die geschälten Tomaten, das Tomatenmark, den Balsamicoessig, das Erythrit und die Würzmittel zufügen und 20 Minuten ohne Deckel köcheln lassen.

Die Tomatensauce in eine Auflaufform geben und die rohen Meatballs in die Sauce legen. Für 15 Minuten in den Ofen stellen und die Fleischbällchen braten lassen. Dann rausholen und den Mozzarella darüberstreuen. Für weitere 10 Minuten im Ofen überbacken.

Während die Fleischbällchen im Ofen sind, die rohen Zucchininudeln in Butter anbraten und kurz bissfest garen. Das geht sehr zügig in 2–3 Minuten. Gemeinsam mit der Tomatensauce und den Fleischbällchen anrichten.

Nährwerte pro Portion:
Kalorien: 494, Fett: 32,3 g, Kohlenhydrate: 15,2 g, Eiweiß: 33,3 g

Yummy! Viel mehr fällt mir dazu eigentlich nicht ein ...

Paprikaschnitzel mit Kohlrabipommes

3 Portionen

40 ml Olivenöl, nativ extra
1 TL Paprika, rosenscharf
1 TL Curry
900 g Kohlrabi, wie Pommes geschnitten
50 g rote Zwiebeln, gewürfelt
1 Knoblauchzehe, gehackt
250 g rote Paprika, in 2–3 cm große Stücke geschnitten
50 g Ajvar, scharf
50 g Frischkäse
400 g Putenschnitzel, mit Salz und Pfeffer gewürzt
Salz und Pfeffer

Schnitzel ist immer bei den Favoriten dabei …

Den Backofen auf 185 Grad Umluft vorheizen.

Aus einem Esslöffel Olivenöl, Rosenpaprika, dem Curry, Salz und Pfeffer eine Marinade anrühren. Die Kohlrabipommes in eine Gefriertüte geben und die Marinade darüber schütten. Gut durchmischen und dann auf einem Backblech mit Backpapier verteilen und für 20 Minuten auf mittlerer Schiene in den Ofen geben. Nach den 20 Minuten den Grill zuschalten und das Blech weiter nach oben in den Backofen schieben. Jetzt nochmal 5 Minuten, bis die Kohlrabipommes Farbe bekommen haben. Die Zwiebeln und den Knoblauch mit einem Esslöffel Olivenöl anschwitzen. Die Paprikastücke hinzugeben und gut anbraten. Hitze reduzieren und das Ajvar und den Frischkäse unterrühren. Mit Salz und Pfeffer abschmecken. Während die Paprikastücke braten, parallel die Putenschnitzel in eine heiße Pfanne mit Öl geben und von beiden Seiten je 3–4 Minuten durchbraten. Schnitzel und Pommes auf dem Teller anrichten und das Paprikagemüse darüber geben.

Nährwerte pro Portion:
Kalorien: 436, Fett: 20,4 g, Kohlenhydrate: 19,3 g, Eiweiß: 40,2 g

Asiatische Weißwurstpfanne

3 Portionen

10 g Kokosöl
300 g Weißwurst, gehäutet und in Scheiben geschnitten
150 g Möhren, in Stifte geschnitten
750 g Spitzkohl, in Streifen geschnitten
150 g rote Paprika, in Stücke geschnitten
250 g braune Champignons, halbiert oder geviertelt
25 g schwarze Bohnensauce mit Knoblauch (als Fertigprodukt – alternativ fermentierte schwarze Bohnen zermatschen, mit heller Sojasauce, Erythrit und gepresstem Knoblauch mischen)
75 g Ketchup, zuckerfrei
1 TL Apfelessig
1 TL Erythrit
Salz und Pfeffer

In einem Topf das Kokosöl erhitzen und die Weißwurst anbraten. Dann die Wurst aus dem Topf nehmen. Im heißen Fett nun das ganze Gemüse wie in einem Wok bissfest braten. Das dauert etwa 5–6 Minuten. Nun die Würzmittel hinzufügen und alles gut mischen. Zum Schluss die Weißwurstscheiben hinzufügen.

Nährwerte pro Portion:
Kalorien: 443, Fett: 30,0 g, Kohlenhydrate: 17,4 g, Eiweiß: 22,1 g

Das strapaziert die Nerven der Bayern …

Schweinesteaks mit Champignons und Petersilienwurzelpommes

4 Portionen

Für die Petersilienwurzelpommes:
1,2 kg Petersilienwurzeln, in Pommes geschnitten
35 ml Olivenöl, nativ extra
1 TL Paprika, rosenscharf
Salz und Pfeffer

Für die Champignons-Steaks:
15 g Steinpilze, getrocknet
100 ml heißes Wasser
15 ml Olivenöl, nativ extra
4 magere Nackensteaks á 150 g, mit Salz und Pfeffer gewürzt
50 g rote Zwiebeln, in Ringe geschnitten
500 g braune Champignons, blättrig geschnitten
je 1 TL Majoran und Thymian, getrocknet
20 g Tomatenmark, einfach konzentriert
1 TL dunkle Sojasauce
50 g helles Mandelmus
Salz und Pfeffer

Den Backofen auf 175 Grad Umluft vorheizen.

Die Pommes aus Petersilienwurzeln mit dem Olivenöl beträufeln und würzen. In eine Ofenform geben und für 25 Minuten in den Ofen stellen.

Die getrockneten Steinpilze mit dem heißen Wasser übergießen und 10 Minuten stehen lassen. Dann die weichen Steinpilze klein schneiden und die Flüssigkeit durch ein Teesieb gießen.

In einem Topf etwas Olivenöl erhitzen und die Nackensteaks von beiden Seiten 2–3 Minuten anbraten. Anschließend in eine Ofenform legen und für 15 Minuten zu den Petersilienwurzelpommes in den Ofen stellen.

In dem Bratfett der Steaks die Zwiebelringe glasig dünsten. Nun die Champignons und die Steinpilze hinzufügen. Jetzt die Gewürze inkl. Sojasauce untermischen und den Steinpilzsud aufgießen. Alles gemeinsam 5 Minuten offen köcheln lassen. Abschließend noch das Mandelmus unterrühren und mit Salz und Pfeffer abschmecken.

Die Petersilienwurzelpommes gemeinsam mit den Steaks und den Champignons anrichten.

Nährwerte pro Portion:
Kalorien: 630, Fett: 35,7 g, Kohlenhydrate: 22,9 g, Eiweiß: 47,7 g

Schwarzwurzel-Cevapcici-Auflauf mit Paprikacreme

4 Portionen

1,5 kg frische Schwarzwurzeln, mit Handschuhen schälen (bleiben etwa 1,2 kg über). Die Stangen direkt in Zitronenwasser legen. Dann die Stangen für 15 Minuten in etwas Wasser vorkochen.

Für die Cevapcici:
500 g mageres Rinderhackfleisch
75 g rote Zwiebeln, gehackt
40 g Ajvar, scharf
5 g Sambal Oelek
1/2 TL Kreuzkümmel, gemahlen
1 TL Paprika, rosenscharf
75 g Gouda, mittelalt, grob gerieben
Salz und Pfeffer

Für die Paprikacreme:
500 g rote Paprika, halbiert und entkernt
50 g rote Zwiebeln, gehackt
10 ml Olivenöl, nativ extra
60 ml Ketchup, zuckerfrei
100 ml Sahne
Salz und Pfeffer

Den Backofen auf 185 Grad Umluft vorheizen, inklusive Grill.

Die Paprikahälften mit der Haut nach oben in eine große Ofenform legen. So lange rösten, bis die Haut der Paprika dunkel wird. Dann aus dem Ofen nehmen und die heiße Paprika in einer Gefriertüte kurz schwitzen lassen. So lässt sich die Haut leicht abziehen. Die gehäutete Paprika in kleine Stücke schneiden. Die Zwiebelwürfel im Olivenöl glasig dünsten. Die gerösteten

Paprikastücke hinzufügen. Nun den Ketchup und die Sahne unterrühren und die Mischung mit dem Pürierstab cremig pürieren. Dann noch mit Salz und Pfeffer abschmecken.

Für die Cevapcici alle Zutaten vermengen und mit Salz und Pfeffer abschmecken. Den Grill im Backofen abschalten. In einer großen Auflaufform ein paar Cevapcici auf dem Boden der Form verteilen und einige Schwarzwurzeln darauflegen. Dann wieder Cevapcici und wieder Schwarzwurzeln schichten. Wenn alles aufgebraucht ist, die Auflaufform für 30 Minuten in den Ofen stellen. Anschließend erst mit dem Käse bestreuen und für weitere 15 Minuten in den Ofen damit.

Den Schwarzwurzel-Cevapcici-Auflauf gemeinsam mit der Paprikacreme anrichten.

Nährwerte pro Portion:
Kalorien: 602, Fett: 29,4 g, Kohlenhydrate: 18,4 g, Eiweiß: 37,1 g

Der Spargel des armen Mannes wird hier würzig in Szene gesetzt …

Bologness-Kohl-Auflauf

Ich mag Bolognesesauce so gerne, dass mir immer eine neue Idee damit einfällt …

4 Portionen

10 ml Olivenöl, nativ extra
85 g Zwiebeln, gehackt
2 Zehen Knoblauch, gehackt
500 g mageres Rinderhack
50 g Tomatenmark, einfach konzentriert
150 g Staudensellerie, gewürfelt
100 ml trockener Weißwein (alternativ Gemüsebrühe)
500 g geschälte Tomaten, aus der Dose
2 TL Oregano, getrocknet
1 TL Erythrit
900 g Weißkohl, ohne Strunk, in Streifen geschnitten
300 g rote Spitzpaprika, in kleine Stücke geschnitten
30 ml Olivenöl, nativ extra
75 g Gouda, mittelalt, gerieben
Salz und Pfeffer

Den Backofen auf 175 Grad Umluft vorheizen.

Einen Topf auf mittlere Hitze erwärmen und 10 ml Olivenöl, die Zwiebelwürfel und den Knoblauch hinzufügen. Die Zwiebelwürfel kurz glasig dünsten. Das Hackfleisch dazugeben und krümelig braten. Nun das Tomatenmark und den gewürfelten Staudensellerie untermischen. Mit dem Weißwein bzw. der Brühe ablöschen und die geschälten Tomaten hinzufügen. Mit dem Oregano, dem Salz und Pfeffer und dem Erythrit würzen. Alles für 40 Minuten mit leicht schräg gestelltem Deckel kochen lassen. Ein Teil der Flüssigkeit soll verdunsten. Den geschnittenen Weißkohl und die Paprikastücke mit 30 ml Olivenöl und Salz und Pfeffer in einer Ofenform mischen und für 25 Minuten im Ofen rösten. Nach der Zeit das Gemüse aus dem Ofen nehmen. In eine große Auflaufform etwas Sauce geben und darauf dann das Gemüse und die Bolognesesauce abwechselnd schichten. Am Ende mit dem Käse bestreuen und für 25 Minuten im Ofen backen.

Nährwerte pro Portion:
Kalorien: 498, Fett: 27,6 g, Kohlenhydrate: 20,5 g, Eiweiß: 36,0 g

Tomatige Madrashähnchenkeulen mit Curry-Blumi-Goreng

4 Portionen

Asiatisches Crossover. Indien meets Indonesien …

15 g Kokosöl
4 Hähnchenkeulen, jeweils am Gelenk in 2 Teile geschnitten
100 g rote Zwiebeln, gewürfelt
50 g Madrascurrypaste oder gelbe Currypaste
500 g geschälte Tomaten, aus der Dose
50 g Kokosmus

50 g rote Zwiebeln, gewürfelt
950 g Blumenkohl, grob geraspelt
150 g Möhren, fein gewürfelt
250 g Lauch, in Ringe geschnitten
100 g grüne Erbsen, gefroren
3 TL Curry
2 TL Gemüsebrühe, als Pulver
Salz und Pfeffer

In einem Topf wenig Kokosöl erhitzen. Die Hähnchenkeulen scharf anbraten, bis diese rundherum etwas Farbe haben. Dann die Zwiebelwürfel und die Currypaste hinzufügen und kurz mit den Hähnchenkeulen im Topf umherwirbeln. Mit den Tomaten ablöschen und für 30 Minuten mit geschlossenem Deckel schmoren lassen. Zum Schluss dann noch das Kokosmus hinzufügen und gut unterrühren. Mit Salz und Pfeffer abschmecken.

Während die Hähnchenkeulen schmoren, in einem weiteren Topf das restliche Kokosöl erhitzen. Die Zwiebelstücke glasig dünsten. Dann das gesamte Gemüse zufügen. Rühren und dabei bissfest garen. Das Curry und das Gemüsebrühepulver zufügen. Mit Salz und Pfeffer abschmecken. Das Curry-Blumi-Goreng mit den Hähnchenkeulen anrichten.

Nährwerte pro Portion:
Kalorien: 578, Fett: 36,7 g, Kohlenhydrate: 22,4 g, Eiweiß: 47,2 g

Deftige Bauernpfanne

Bodenständige Küche mit den Allzweckwaffen Steckrübe und Hackfleisch …

4 Portionen

1,2 kg Steckrüben, in mundgerechte Stücke geschnitten
15 g Butter
5 ml Olivenöl, nativ extra
Salz und Pfeffer

500 g mageres Rinderhackfleisch
200 g Zwiebeln, gehackt
150 g Schinkenspeck, gewürfelt
10 ml Olivenöl, nativ extra
je 1 TL Thymian und Majoran, getrocknet
100 ml Sahne
100 ml Milch
50 g mittelscharfer Senf
125 g Gewürzgurken, in Würfel geschnitten
Salz und Pfeffer

Das Hackfleisch, die Zwiebeln und den Schinkenspeck in etwas Olivenöl anbraten und kräftig mit den Gewürzen und mit Salz und Pfeffer würzen. Von der Herdplatte nehmen.

In einem anderen größeren Topf die Steckrübenstücke in Butter mit Olivenöl anbraten. Kräftig salzen und pfeffern. Deckel drauf und unter gelegentlichem Rühren einige Minuten gar braten lassen.

Die Sahne und die Milch mit dem Senf zwischenzeitlich in einem Mixbecher cremig mixen. Die Hackfleischmischung zu den Steckrübenstücken geben und vermengen. Jetzt noch die Senfsahne und die Gurkenstücke dazugeben. Bei Bedarf noch final mit Salz und Pfeffer abschmecken.

Nährwerte pro Portion:
Kalorien: 539, Fett: 33,1 g, Kohlenhydrate: 21,9 g, Eiweiß: 40,4 g

Salami-Fächer-Kohlrabi mit Käsecreme

Die würzige Salami gibt dem Fächer-kohlrabi den besonderen Kick ...

4 Portionen

4 große Kohlrabi (á ca. 450 g ungeschält), geschält und vertikal halbiert
200 g Schmand, 20 % Fett
50 g Parmesan, gerieben
50 g Gouda, mittelalt, gerieben
125 g (Geflügel-)Salami
Salz und Pfeffer

Den Backofen auf 175 Grad Umluft vorheizen.

Die Kohlrabi in einem Topf mit Wasser für 25–30 Minuten kochen. Stechprobe machen, denn die Kohlrabi sollen nicht mehr hart sein.

In der Zwischenzeit den Schmand mit dem geriebenen Käse vermischen und mit Salz und Pfeffer würzen.

Die lauwarmen Kohlrabi mehrfach mit dem Messer einschneiden, jedoch nicht bis zum Boden. Es sollen sich Fächer/Schlitze ergeben, in die nun die Salamischeiben geschoben werden können.

Die mit Salami gefüllten Kohlrabi in eine Auflaufform setzen und die Schmand-Käse-Mischung darüber verteilen. Für 25 Minuten im Ofen backen.

Nährwerte pro Portion:
Kalorien: 408, Fett: 26,1 g, Kohlenhydrate: 16,9 g, Eiweiß: 23,2 g

Currywurst mit Cheesy-Kürbis-Pommes

Lecker »Currywurst mit Pommes«, sogar mit gutem Gewissen …

4 Portionen

Für die Currysauce:
10 g Kokosöl
50 g rote Zwiebeln, gehackt
100 g Apfel, geschält und in kleine Stücke geschnitten
30 g Tomatenmark, einfach konzentriert
400 g stückige Tomaten, aus der Dose
15 ml heller Balsamicoessig
1 TL Erythrit
1/2 TL Sambal Oelek
1 TL Curry
Salz und Pfeffer

Für die Cheesy-Kürbis-Pommes:
800 g Butternutkürbis, ohne Schale und Kerne, in pommesartige Stücke geschnitten
ordentlich Curry und Paprika
75 g Cheddar, gerieben
Salz und Pfeffer

4 feine Bratwürste á 125 g gebrüht
10 g Kokosöl
Currypulver, zum Bestreuen

Den Backofen auf 175 Grad Umluft vorheizen.

Für die Currysauce in einem kleinen Topf das Kokosöl erwärmen. Darin die Zwiebelwürfel glasig dünsten. Zu den Zwiebelwürfeln die Apfelstücke geben und ebenfalls einige Minuten braten. Anschließend noch das Tomatenmark hinzufügen und ebenfalls anschwitzen. Nun mit den stückigen Tomaten ablöschen und den Essig, das Erythrit und das Sambal Oelek hinzufügen. Für 20 Minuten kochen lassen. Zu Ketchup pürieren und mit dem Currypulver und dem Salz und Pfeffer abschmecken.

Die Kürbispommes kräftig mit Curry, Paprika, Salz und Pfeffer würzen und auf ein Backblech mit Backpapier geben. Für 15 Minuten in den Ofen stellen. Dann den Käse über die Kürbispommes streuen und weitere 10 Minuten in den Ofen schieben.

Die Bratwürste in einer Pfanne in Kokosöl kross braten und gemeinsam mit den Cheesy-Kürbis-Pommes und der Currysauce anrichten. Abschließend noch etwas Currypulver über das Gericht geben.

Nährwerte pro Portion:
Kalorien: 566, Fett: 39,6 g, Kohlenhydrate: 27,2 g, Eiweiß: 25,4 g

Spaghettikürbis á la panna

2 Portionen

1 mittelgroßer Spaghettikürbis, längs halbiert und entkernt, mit 10 ml Olivenöl eingepinselt
85 g Zwiebeln, fein gewürfelt
10 ml Olivenöl, nativ extra
150 g gekochter Schinken, in Streifen geschnitten
1 Knoblauchzehe, gepresst
100 g Sahne
100 ml Milch
75 g Parmesan, frisch, fein gerieben
Salz und Pfeffer

Den Backofen auf 180 Grad Umluft vorheizen.

Den zerteilten Kürbis auf ein mit Backpapier ausgelegtes Backblech legen. Die Schnittfläche nach oben. Für ca. 50 Minuten in den Ofen.

Kurz bevor der Kürbis fertig ist, die Zwiebeln mit etwas Olivenöl glasig dünsten und den Schinken und den Knoblauch hinzugeben und gut durchrühren. Die Sahne und die Milch hinzugeben und 6–8 Minuten köcheln lassen. Die Hitze runterdrehen und in die nicht mehr kochende Sahne den Parmesan geben und rühren, bis er geschmolzen ist. Zum Schluss mit Salz und Pfeffer würzig abschmecken.

Den Kürbis aus dem Ofen holen und eine Gabel durch das gare Kürbisfleisch hin und her schieben. Die dadurch entstehenden kurzen Spaghetti auf einem Teller mit der Sauce anrichten. Wer mag, kann natürlich noch frischen Parmesan darüberreiben oder die Pfeffermühle gefährlich schwingen lassen.

Nährwerte pro Portion:
Kalorien: 580, Fett: 39,7 g, Kohlenhydrate: 26,9 g, Eiweiß: 28,6 g

Mein Lieblingsnudelgericht früher beim Italiener: »Tortellini á la panna«.

Schnitzel Chakalaka

Was passt besser zu Low-Carb als das afrikanische Kohlgericht?

4 Portionen

Für die Schnitzel:
4 Putenschnitzel á 125 g, in der Mitte halbiert und mit Salz und Pfeffer gewürzt
1 Ei, zu Rührei geschlagen, mit Paprika, Salz und Pfeffer gewürzt
30 g Flohsamenschalen
50 g Kokosöl

Für das Chakalaka:
40 ml Olivenöl, nativ extra
85 g rote Zwiebeln, in Ringe geschnitten
1 gehackte Knoblauchzehe
150 g rote Paprika, in dünne Streifen geschnitten
950 g Weißkohl, in dünne Streifen geschnitten
150 g Karotten, grob geraspelt
1 TL heller Balsamicoessig
1/2 TL Sambal Oelek (oder mehr)
1 TL Paprika, scharf
1 EL Paprika, edelsüß
1 TL Curry
Salz und Pfeffer

In einem großen Topf das Olivenöl erhitzen und die Zwiebeln mit dem Knoblauch anschwitzen. Das komplette Gemüse, den Essig und das Sambal Oelek hinzufügen. Unter Rühren etwa 10 Minuten braten. Die Gewürze hinzufügen und mit Salz und Pfeffer abschmecken. Abkühlen lassen.

Die Putenschnitzel im Rührei wenden und dann mit den Flohsamenschalen panieren. Eine Pfanne erhitzen und die Schnitzel in ordentlich Kokosöl braten. Das Chakalaka wieder aufwärmen (dann schmeckt es besser) und zu den Schnitzeln anrichten.

Nährwerte pro Portion:
Kalorien: 452, Fett: 26,1 g, Kohlenhydrate: 17,0 g, Eiweiß: 36,3 g

Cordon-bleu-Brokkisagne

4 Portionen

85 g rote Zwiebeln, gehackt
1 kg Brokkoli, grob geraspelt
2 TL Gemüsebrühe, als Pulver
75 g Frischkäse
3 Eier, Größe M, zu Rührei verquirlt und mit Salz und Pfeffer gewürzt
15 g Flohsamenschalen

150 g Gouda, mittelalt, gerieben
250 g gekochter Schinken, in Scheiben
10 g Kokosöl, zum Braten

Den Backofen auf 185 Grad Umluft vorheizen.

In einem Topf die Zwiebelwürfel im Kokosöl glasig dünsten und den geraspelten Brokkoli hinzufügen. Kräftig mit dem Gemüsebrühepulver würzen. Wenn der Brokkoli halbgar ist, den Frischkäse unterrühren und alles lauwarm abkühlen lassen. Anschließend das flüssige Rührei und die Flohsamenschalen unterrühren. Die Brokkolimasse auf ein mit Backpapier ausgelegtes Backblech großflächig verteilen. Dann 25–30 Minuten in den Ofen damit.

Die fertige Brokkoliplatte in 4 gleich große Teile zerteilen. In eine Auflaufform etwas Käse auf den Boden geben und vorsichtig das erste Viertel der Brokkoliplatte in die Form bugsieren. Dann Schinken darauflegen und mit Käse bestreuen. So fortfahren, bis alle 4 Platten in der Lasagneauflaufform sind, mit Schinken und Käse abschließen. Nun für 25 Minuten zurück in den Ofen.

Nährwerte pro Portion:
Kalorien: 449, Fett: 26,2 g, Kohlenhydrate: 9,9 g, Eiweiß: 39,0 g

Spargel Carbonara

Deutscher Spargel meets italienischen Klassiker ...

2 Portionen

100 g Sahne
1 Ei, Größe L + 1 Eigelb
Butterschmalz, zum Braten
1 kg weißer Spargel, geschält, in mundgerechte Stücke geschnitten
100 g Südtiroler Schinkenspeck, in Streifen geschnitten
50 g Parmesan, frisch gerieben
Salz und schwarzer Pfeffer

Die Sahne mit dem Ei und dem Eigelb vermixen und mit Salz und Pfeffer würzen.

In einem Topf das Butterschmalz erhitzen und den Spargel scharf anbraten. Für 8–12 Minuten braten (je nach Dicke der Spargelstangen) und dabei immer wieder kurz den Deckel schließen. Dann den Schinkenspeck hinzufügen und kurz mitbraten.

Den Herd ausschalten bzw. den Topf von der heißen Platte ziehen und nun erst die Eiersahne unterrühren. Nach und nach den geriebenen Parmesan unterheben und final mit Salz und Pfeffer abschmecken.

Nährwerte pro Portion:
Kalorien: 572, Fett: 39,6 g, Kohlenhydrate: 11,2 g, Eiweiß: 37,6 g

Kohlrabipasta mit Haschee

Eins meiner Lieblingsessen aus der Kindheit …

4 Portionen

1,5 kg Kohlrabi, geschält, in Nudelform gebracht
15 g Butter

Für das Haschee:
85 g rote Zwiebeln, gehackt
15 ml Olivenöl, nativ extra
2 EL Tomatenmark, einfach konzentriert
400 g mageres Hackfleisch
2 TL Gemüsebrühe, als Pulver
250 ml heißes Wasser
100 g Frischkäse
100 g Cheddar, herzhaft, gerieben
2 TL Thymian
2 TL Majoran, frisch oder getrocknet
1 TL Johannisbrotkernmehl
Salz und Pfeffer

Für das Haschee die Zwiebeln in etwas Olivenöl bei mittlerer Hitze glasig andünsten und kurz das Tomatenmark mit anschwitzen. Dann das Hackfleisch hinzufügen und krümelig braten. Das Gemüsebrühepulver sowie Thymian und Majoran hinzufügen und mit dem Wasser ablöschen. Nun den Frischkäse und den geriebenen Cheddar unterrühren. Alles gut durchrühren. Mit Salz und Pfeffer abschmecken und bei Bedarf mit in etwas kaltem Wasser angerührten Johannisbrotkernmehl abbinden.Die heiße Sauce zur Seite stellen und in einem weiteren Topf die Kohlrabipasta in etwas Butter anbraten. Das dauert je nach Dicke 6–8 Minuten. Zwischen dem Wenden jeweils den Deckel kurz schließen. Sobald die Kohlrabipasta bissfest ist, gemeinsam mit dem Haschee anrichten. Ich salze die Gemüsenudeln in der Regel nicht, damit sie weniger Wasser verlieren. Dafür würze ich die Sauce etwas kräftiger.

Nährwerte pro Portion:
Kalorien: 536, Fett: 34,9 g, Kohlenhydrate: 17,2 g, Eiweiß: 35,3 g

Aus Fluss und Meer auf den Tisch

Fisch ist gesund. Ja, auch ich sage das. Und ganz besonders gesund ist fetter Fisch, denn der enthält eine gute Portion Omega-3-Fettsäuren. Jetzt muss er nur noch schmecken, aber das ist mit meinen 15 Low-Carb-Fischrezepten kein Problem. Gerade meinen Favoriten Lachs gibt es in verschiedenen Variationen. Ganz Happy Carb, natürlich immer in Kombination mit viel gesundem Gemüse.

Spaghettikürbis de luxe

Flusskrebsfleisch satt,
so sieht Luxus aus ...

2 Portionen

1 mittelgroßer Spaghettikürbis, längs halbiert und entkernt
20 g Butter, geschmolzen
50 g Zwiebeln, fein gewürfelt
1 Knoblauchzehe, gehackt
10 ml Olivenöl, nativ extra
100 g getrocknete Tomaten, in Öl, abgetropft und klein geschnitten
300 g Flusskrebsfleisch (in Lake), mit Küchenpapier abgetupft
80 g Kräuterfrischkäse
Salz und Pfeffer

Den Backofen auf 180 Grad Umluft vorheizen.

Den Kürbis mit der Butter bestreichen und auf ein mit Backpapier ausgelegtes Backblech legen. Die Schnittfläche schaut nach oben. Für 50 Minuten im Ofen backen.

Kurz bevor der Kürbis fertig ist, die Zwiebeln und den Knoblauch in Olivenöl glasig dünsten und die getrockneten Tomaten und das Flusskrebsfleisch hinzugeben. Unter Rühren erwärmen und nun noch den Frischkäse unterrühren und mit Salz und Pfeffer abschmecken.

Den Kürbis aus dem Ofen holen und eine Gabel durch das gare Kürbisfleisch hin- und herziehen. Die dadurch entstehenden kurzen Spaghetti auf einem Teller mit der Flusskrebs-Tomaten-Creme anrichten.

Nährwerte pro Portion:
Kalorien: 543, Fett: 30,8 g, Kohlenhydrate: 30,4 g, Eiweiß: 36,2 g

Zucchini-Lachs-Schlemmerpaprika

4 Portionen

15 g Kokosöl
800 g Zucchini, in Spaghetti geschnitten
4 Eier, Größe M, zu Rührei geschlagen und mit Salz und Pfeffer gewürzt
300 g Lachs, geräuchert, in kleine Stücke geschnitten
6 rote Paprika (900 g), halbiert und das Kerngehäuse entfernt
Salz und Pfeffer

Den Backofen auf 175 Grad Umluft vorheizen.

In einem großen Topf das Kokosöl erhitzen und die Zucchinispaghetti 2–3 Minuten braten, bis diese bissfest sind. Mit Salz und Pfeffer würzen. Anschließend die Zucchininudeln in einem Sieb abtropfen und lauwarm abkühlen lassen.

Die lauwarmen Zucchininudeln mit dem Rührei mischen und dann die Lachsstücke unterheben. Mit Salz und Pfeffer abschmecken.
Anschließend die Zucchini-Ei-Lachs-Masse in die vorbereiteten Paprikahälften füllen.

Die Paprikaschalen auf ein mit Backpapier belegtes Blech geben und für 25 Minuten backen lassen.

Nährwerte pro Portion:
Kalorien: 367, Fett: 19,2 g,
Kohlenhydrate: 18,9 g, Eiweiß: 27,1 g

Buntes Essen macht glücklich …

Avocado-Erbsen-Blumisotto mit scharfem Lachs

Huhuhu Erbsenalarm ...

3 Personen

1 TL Sambal Oelek
15 ml Olivenöl, nativ extra
375 g Lachsfilet, ohne Haut, in mundgerechte Stücke geschnitten
15 g Kokosöl
50 g rote Zwiebeln, gehackt
75 g Erbsen, gefroren
950 g Blumenkohl, grob geraspelt
1 TL Kurkuma
150 g Avocado, Fruchtfleisch in kleine Würfel geschnitten
200 g Kirschtomaten
Salz und Pfeffer

Das Sambal Oelek mit dem Olivenöl mischen. Die Lachsstücke in der Paste mischen und 2–3 Stunden im Kühlschrank marinieren.

In einem Topf etwas Kokosöl erhitzen und die Zwiebelwürfel glasig dünsten. Anschließend die Erbsen mit den Blumenkohlraspeln hinzufügen und unter gelegentlichem Rühren bissfest werden lassen. Das dauert nur wenige Minuten. Das Kurkuma untermischen und mit Salz und Pfeffer kräftig würzen. Zum Schluss die Avocadowürfel unterheben.

Eine Pfanne mit dem restlichen Kokosöl erhitzen. Darin die marinierten Lachswürfel scharf anbraten. Mit Salz und Pfeffer würzen. Die Lachswürfel aus der Pfanne nehmen. In der heißen Pfanne nun die Kirschtomaten für 2–3 Minuten braten. Gemeinsam mit dem Avocado-Erbsen-Blumisotto anrichten.

Nährwerte pro Portion:
Kalorien: 535, Fett: 32,8 g, Kohlenhydrate: 15,0 g, Eiweiß: 38,2 g

Blumigoreng

4 Portionen

400 g Schweinefilet oder Hähnchenfilet, in Streifen geschnitten
2 Zehen Knoblauch, gepresst
10 g Sambal Oelek
10 g Ingwer, gerieben
20 ml dunkle Sojasauce
50 ml helle Sojasauce
25 g Kokosöl, zum Braten
1,2 kg Blumenkohl, grob geraspelt
85 g rote Zwiebeln, gewürfelt
250 g Lauch, in Ringe geschnitten
150 g Karotten, in Würfel geschnitten
100 g gefrorene grüne Erbsen
2 TL Hühnerbrühepulver, ohne Geschmacksverstärker
2 TL Curry
50 g Kokosmus (geht auch ohne)
100 g Party-Garnelen (aus dem Kühlregal)
Salz und Pfeffer

Nasigoreng war gestern, asiatisch gebratener Blumenkohl ist heute ...

Die Schweinefiletstreifen mit dem gepressten Knoblauch, 5 g Sambal Oelek, 5 g Ingwer, 1 TL dunkle Sojasauce und 1 EL helle Sojasauce mehrere Stunden marinieren. Einen großen beschichteten Topf oder Wok mit etwas Kokosöl erhitzen. Das Fleisch anbraten und wieder rausnehmen, damit es nicht trocken wird. In dem gleichen Topf wieder etwas Kokosöl erhitzen und die Zwiebeln glasig dünsten. Das Gemüse hinzugeben und 7–8 Minuten braten, bis das Gemüse bissfest ist. Die restlichen Würzmittel und das Kokosmus hinzugeben und gut durchmischen. Aufpassen, dass sich das Sambal Oelek gut verteilt. Jetzt noch die Garnelen und die gebratenen Fleischstreifen hinzufügen und erwärmen. Mit Salz und Pfeffer abschmecken.

Nährwerte pro Portion:
Kalorien: 432, Fett: 18,3 g, Kohlenhydrate: 19,7 g, Eiweiß: 39,7g

Thunfisch-Brokkoli-Muffins

8 Muffins, 2 Portionen

50 g rote Zwiebeln, fein gehackt
15 ml Olivenöl, nativ extra
500 g Brokkoli, mit Stiel, grob geraspelt
100 g Ziegenfrischkäse
150 g Avocado, Fruchtfleisch in Würfel geschnitten
1 Dose Thunfisch, in Lake (130 g Abtropfgewicht), abtropfen lassen
3 Eier, Größe M, zu Rührei verquirlt
Salz und Pfeffer

Den Backofen auf 175 Grad Umluft vorheizen.

Die Zwiebelwürfel im Olivenöl auf mittlerer Hitze glasig dünsten und den Brokkoli hinzufügen. Einige Minuten braten und kräftig mit Salz und Pfeffer würzen. Den Herd ausschalten und den Topf von der warmen Platte ziehen. Den Ziegenfrischkäse und die Avocadowürfel untermischen. Alles gut zermatschen. Jetzt noch den Thunfisch unterrühren. Wenn die Mischung lauwarm ist, das flüssige Ei unterheben. Mit Salz und Pfeffer abschmecken.

Die Masse nun in Muffinförmchen füllen und für 25–30 Minuten im Ofen backen.

Nährwerte pro Portion:
Kalorien: 578, Fett: 41,6 g, Kohlenhydrate: 10,3 g, Eiweiß: 42,8 g

Warm und kalt sehr lecker …

Macadamia-Möhren-Brokkisotto mit cremigen Senfgarnelen

2 Portionen

Für das Brokkisotto:
15 ml Olivenöl, nativ extra
50 g rote Zwiebeln, gehackt
500 g Brokkoli, grob geraspelt
75 g Karotten, fein gewürfelt
40 g Macadamias geröstet, gesalzen, gehackt
Salz und Pfeffer

Für die Senfgarnelen:
300 g Riesengarnelen roh und geschält
85 g Frischkäse
15 g mittelscharfer Senf
150 ml Wasser
Salz und Pfeffer

In einem Topf etwas Olivenöl erhitzen und die Zwiebelwürfel glasig dünsten. Dann den Brokkoli und die Karotten hinzufügen und 5–6 Minuten bissfest garen. Zum Schluss die gehackten Macadamias untermischen und mit Salz und Pfeffer würzen.

In einer Pfanne etwas Olivenöl erwärmen und die Riesengarnelen 3–4 Minuten anbraten. Mit Salz und Pfeffer würzen. Wenn die Garnelen glasig gebraten sind, dann den Frischkäse und den Senf dazugeben. Wasser zufügen, damit eine cremige Sauce entsteht. Alles mischen und nochmal mit Salz und Pfeffer abschmecken. Gemeinsam mit dem Brokkisotto anrichten.

Nährwerte pro Portion:
Kalorien: 529, Fett: 35,4 g, Kohlenhydrate: 12,9 g, Eiweiß: 34,9 g

Königin Macadamia kuschelt mit edlen Garnelen …

Makrelen-Pesto-Creme mit Zucchininudeln

2 Portionen

800 g Zucchini, in Spaghetti geschnitten
15 ml Olivenöl, nativ extra

10 ml Olivenöl, nativ extra
50 g rote Zwiebeln, fein gehackt
150 geräuchertes Makrelenfilet, in kleine Stücke geschnitten
75 g Frischkäse
40 g Pesto rosso
Salz und Pfeffer

Die Qualität des Pestos macht den Unterschied. Selbst machen oder gut kaufen …

In einem Topf 10 ml Olivenöl auf mittlere Hitze erwärmen und die Zwiebelwürfel glasig dünsten. Dann das Makrelenfilet, den Frischkäse und das Pesto zufügen und alles zu einer Creme verrühren. Mit Salz und Pfeffer abschmecken.

Die Zucchininudeln in einem weiteren Topf in Olivenöl 3–4 Minuten bissfest braten. Gemeinsam mit der Makrelen-Pesto-Creme anrichten.

Nährwerte pro Portion:
Kalorien: 567, Fett: 45,2 g, Kohlenhydrate: 14,0 g, Eiweiß: 25,2 g

Avocado-Tomatenpesto-Röstgemüse mit gebratenem Lachsfilet

4 Portionen

300 g rote Paprika,
250 g rote Zwiebeln,
400 g braune Champignons und
500 g Zucchini, in mundgerechte Stücke geschnitten
10 g Kokosöl
4 x 125 g Lachsfilet, mit Salz und Pfeffer gewürzt

Viel Geschmack bei wenig Arbeit ...

Für das Pesto:
25 g softe getrocknete Tomaten, in kleine Stücke geschnitten (nicht die in Öl)
25 g Pinienkerne, ohne Fett in der Pfanne goldgelb geröstet
25 g Parmesan, gerieben
25 ml Olivenöl, nativ extra
125 g Avocado, in kleine Stücke geschnitten
Salz und Pfeffer

Den Backofen auf 175 Grad Umluft vorheizen.

Das Gemüse in eine Ofenform geben und für 25 Minuten im Ofen rösten.

Alle Zutaten für das Pesto im Mixer oder mit dem Pürierstab zerkleinern. Das Gemüse aus dem Ofen nehmen und das Pesto ins warme Röstgemüse geben. Mit Salz und Pfeffer abschmecken. In einer Pfanne das Kokosöl erhitzen und den Lachs für 3–4 Minuten von beiden Seiten braten. Gemeinsam mit dem Pestoröstgemüse servieren.

Nährwerte pro Portion:
Kalorien: 494, Fett: 32,5 g, Kohlenhydrate: 13,3 g, Eiweiß: 35,7 g

Lachsfischstäbchen mit Topinambur-Spinat-Stampf und Senfremoulade

2 Portionen

Für die Lachsfischstäbchen:
2 Lachsfilets, ohne Haut, á 125 g
1 Ei, verquirlt, mit Salz und Pfeffer gewürzt
2 EL Flohsamenschalen
Kokosöl, zum Braten

Für den Topinambur-Spinat-Stampf:
500 g Topinambur, geschält und in mundgerechte Stücke geschnitten
15 ml Olivenöl
225 g junger Spinat, gehackt, gefroren
50 g Frischkäse
geriebene Muskatnuss
Salz und Pfeffer

Für die Senfremoulade:
100 g griechischer Joghurt, 10 % Fett
10 g mittelscharfer Senf
1 Gewürzgurke, klein geschnitten
einige Kapern, aus dem Glas, gehackt
25 g rote Zwiebeln, fein gehackt
1 TL heller Balsamicoessig
1 TL Erythrit
Salz und Pfeffer

Es geht doch nichts über selbst gemacht, sagt Kapitän Betti …

Den Backofen auf 175 Grad Umluft vorheizen.

Die geschälten Topinambur in eine Ofenform geben und mit dem Olivenöl mischen. Leicht mit Salz und Pfeffer würzen und für 25–30 Minuten in den Ofen stellen. Stechprobe machen, ob die Topinambur weich sind.

Währenddessen die Senfremoulade anrühren. Außerdem die Lachsfilets mit Salz und Pfeffer würzen, dann im Ei wenden und mit den Flohsamenschalen als Panade überziehen.

In einem kleinen Topf den Spinat auftauen lassen und erhitzen. Die Topinambur aus dem Ofen holen und mit einem Stampfer grob zermatschen. In den warmen Spinat den Frischkäse unterrühren und kräftig mit Salz und Pfeffer und frisch geriebener Muskatnuss würzen. Zum Schluss noch die gestampften Topinambur unterheben.

In einer Pfanne das Kokosöl erhitzen und darin die Lachsfischstäbchen von beiden Seiten je 3 Minuten braten. Gemeinsam mit dem Topinambur-Spinat-Stampf und der Senfremoulade anrichten.

Nährwerte pro Portion:
Kalorien: 680, Fett: 42,5 g, Kohlenhydrate: 15,4 g, Eiweiß: 42,4 g

Low-Carb-Pizza mit Thunfischboden

2 Portionen

Für den Thunfischboden:
2 Dosen Thunfisch, im eigenen Saft, mindestens 5 Stunden gut abgetropft
3 Eier, Größe M
10 g Flohsamenschalen
1 EL Pizzagewürz
Salz und Pfeffer

Für den Belag:
125 g Mozzarella, fein gewürfelt
150 g Kirschtomaten, in Scheiben geschnitten
50 g Rucola, frisch
Salz und Pfeffer

Den Backofen auf 185 Grad Umluft vorheizen.

Den Thunfisch und die Eier gut miteinander verrühren. Die Flohsamenschalen und das Pizzagewürz untermischen. Salzen und pfeffern. Den Teig dünn auf einem Backblech mit Backpapier verteilen (geht gut mit den Fingern) und dann für 20 Minuten in den Ofen mit dem Blech.

Anschließend den Thunfischboden aus dem Ofen holen und den Mozzarella darüberstreuen. Darauf die Tomatenscheiben verteilen und erneut für 15 Minuten zurück in den Ofen. Die fertige Pizza mit Salz und Pfeffer würzen und den Rucola darüber verteilen.

Nährwerte pro Portion:
Kalorien: 447, Fett: 20,7 g, Kohlenhydrate: 8,3 g, Eiweiß: 54,7 g

Ein fischiger Low-Carb-Pizzaklassiker …

Kabeljau in Senf-Dill-Rahm mit Rote-Bete-Wedges

Kabeljau und rote Bete treffen sich in freier Wildbahn eher selten …

2 Portionen

600 g Rote Bete roh, geschält in Wedges geschnitten
15 ml Olivenöl
Salz und Pfeffer

50 g rote Zwiebeln, fein gehackt
10 g Kokosöl
125 ml Gemüsebrühe
15 g Senf, mittelscharf
75 g Frischkäse
1/2 TL Erythrit
300 g Kabeljau, in Stücke geschnitten
1/4 TL Johannisbrotkernmehl, bei Bedarf
10 g frische Dillspitzen, gezupft
Salz und Pfeffer

Den Backofen auf 175 Grad Umluft vorheizen.

Die Rote-Bete-Wedges in eine Ofenform geben und mit dem Olivenöl mischen. Mit Salz und Pfeffer würzen. Für 40–45 Minuten in den Ofen stellen.

Nach der Hälfte der Ofenzeit der Wedges die Zwiebeln in einem Topf im Kokosöl glasig dünsten. Dann mit der Brühe ablöschen und den Senf und den Frischkäse hinzugeben. Mit Salz und Pfeffer abschmecken und das Erythrit zufügen. Den Fisch in die Sauce geben und mit geschlossenem Deckel 10–15 Minuten gar ziehen lassen. Wenn die Sauce zu dünn sein sollte, dann den Fisch vorsichtig auf eine Seite schieben und Johannisbrotkernmehl direkt mit einem Schneebesen untermischen. Vorsichtig durchrühren, damit sich die Bindung verteilt. Zum Schluss noch den Dill mit in die Sauce geben und mit den Rote-Bete-Wedges servieren.

Nährwerte pro Portion:
Kalorien: 464, Fett: 23,5 g, Kohlenhydrate: 29,1 g, Eiweiß: 30,4 g

Auberginen-Lachs-Lasagne

4 Portionen

500 g Lachsfilet, ohne Haut, in ca. 1 cm dicke lange Streifen quer zur Faser geschnitten
900 g Aubergine, längs in 1 cm dicke Scheiben geschnitten
60 ml Olivenöl, nativ extra
50 g Zwiebeln, gehackt
30 g Tomatenmark, einfach konzentriert
1 TL Erythrit
200 g Kirschtomaten, geviertelt
500 g geschälte Tomaten, aus der Dose
50 g Ketchup, zuckerfrei
50 g Frischkäse
15 g Basilikumpesto
125 g Mozzarella, gewürfelt, zum Überbacken
Salz und Pfeffer

Eine tolle Kombination ...

Den Backofen auf 180 Grad Umluft vorheizen.

Die Auberginenscheiben auf ein Blech mit Backpapier legen und die Oberseite mit 50 ml Olivenöl bestreichen. Für 25 Minuten im Ofen braten. Wenn die Auberginenscheiben weich und braun sind, dann rausholen und mit Salz und Pfeffer würzen. Während die Aubergine im Ofen brät, in einem Topf die Zwiebeln im restlichen Olivenöl glasig dünsten. Dann das Tomatenmark kurz mit anrösten. Das Erythrit hinzufügen. Anschließend die klein geschnittenen Tomaten hinzufügen und nach kurzem Braten mit den geschälten Tomaten und dem Ketchup ablöschen. Für etwa 20 Minuten offen unter gelegentlichem Rühren köcheln und reduzieren lassen. Zum Schluss den Frischkäse und das Basilikumpesto unterrühren. Mit Salz und Pfeffer abschmecken. In eine Auflaufform etwas Sauce auf den Boden geben und mit den vorgebackenen Auberginenscheiben belegen. Dann von der fruchtigen Tomatensauce auf die Auberginenschicht geben und Lachs darauflegen. So im Wechsel fortfahren, bis alle Zutaten in der Auflaufform geschichtet sind und für oben noch etwas Sauce übrig ist. Abschließend noch die Mozzarellawürfel auf der Lasagne verteilen und für 45 Minuten in den Ofen damit.

Nährwerte pro Portion:
Kalorien: 522, Fett: 34,9 g, Kohlenhydrate: 12,2 g, Eiweiß: 36,8 g

Lachsblumisotto

4 Portionen

15 g Kokosöl
85 g Zwiebeln, gehackt
1,2 kg Blumenkohl, grob geraspelt
150 g TK-Erbsen
200 g Frischkäse
1 TL Erythrit
50 g Sahnemeerrettich
400 g geräucherter Lachs, in Streifen geschnitten
Salz und Pfeffer

In einem Topf das Kokosöl erhitzen und die Zwiebeln glasig dünsten. Den geraspelten Blumenkohl und die TK-Erbsen hinzufügen und 8–10 Minuten bissfest braten. Immer wieder den Deckel des Topfs kurz schließen und dann wieder durchrühren.

Nun den Frischkäse, das Erythrit und den Sahnemeerrettich unterrühren. Als letztes die Räucherlachsstreifen unterheben und bei geschlossenem Deckel kurz ziehen lassen. Das Blumenkohlrisotto vorsichtig durchrühren und mit etwas Salz und Pfeffer abschmecken.

Nährwerte pro Portion:
Kalorien: 515, Fett: 33,5 g, Kohlenhydrate: 15,6 g, Eiweiß: 32,6 g

Eine wirksame Medizin bei akuter Blumenkohleritis …

Fish and Chips

4 Portionen

Für den gebackenen Fisch:
500 g weißer Fisch (z. B. Seelachsfilet), in größere Stücke geschnitten und mit Salz und Pfeffer bestreut
2 Eier, zu Rührei verquirlt und mit Salz und Pfeffer gewürzt
40 g Flohsamenschalen
50 g Kokosöl, zum Braten

Für die Chips:
1,2 kg geschälte Steckrüben, zu Pommes geschnitten
25 ml Olivenöl, nativ extra
Paprika, Curry, Salz und Pfeffer

Für die Sauce Tatare mit Joghurt:
150 g griechischer Joghurt, 10 % Fett
25 Gewürzgurke, in feine Würfel geschnitten
35 g rote Zwiebeln, fein gehackt
1 TL Senf, mittelscharf
1 TL heller Balsamicoessig
1 TL Kapern, fein gehackt
10 g Sardellen in Öl, fein gehackt
Salz und Pfeffer

Den Backofen auf 185 Grad Umluft vorheizen.

Die Steckrübenpommes in einem Topf mit Wasser 10 Minuten vorkochen und dann abgießen. Gut abtropfen lassen und in eine Ofenform mit viel Fläche geben. Das Wasser auf den vorgekochten Pommes mit etwas Küchenpapier abtupfen. Als nächstes etwas Olivenöl unter den Steckrübenpommes verteilen und kräftig mit Salz, Pfeffer, Paprika und Curry würzen. Nun für 20 Minuten in den Ofen schieben.

Während die Steckrübenpommes im Wasser kochen, die Fischstücke durch das Rührei ziehen und dann in den Flohsamenschalen wenden. Die panierten Fischstücke auf einem Teller lagern.

Die Zutaten für die Sauce Tatare verrühren.

Während die Steckrübenpommes im Ofen sind, in einer Pfanne mit erhitztem Kokosöl die panierten Fischstücke knusprig braten und gemeinsam mit den Steckrübenpommes und der Sauce Tatare anrichten.

Nährwerte pro Portion:
Kalorien: 432, Fett: 26,1 g, Kohlenhydrate: 18,3 g, Eiweiß: 30,4 g

Blumenkohlpaella mit Lachs

5 Portionen

800 g Hähnchenkeulen, am Gelenk in 2 Teile geschnitten (geht gut mit einer Geflügelschere)
1 TL Kurkuma
1 TL Paprika, rosenscharf
15 ml Olivenöl, nativ extra
150 g Zwiebeln, gewürfelt
2 Zehen Knoblauch, fein gehackt
1,2 kg Blumenkohl, grob geraspelt
150 g TK-Erbsen
250 g rote Paprika, in kleine Stücke geschnitten
100 g Chilikabanossi, in kleine Stücke geschnitten
1 Msp. Safran, gemahlen
Bio-Hühnerbrühepulver
Gemüsebrühe, als Pulver
300 g Lachsfilet, ohne Haut, in mundgerechte Stücke geschnitten, mit Salz und Pfeffer gewürzt und mit etwas Zitronensaft beträufelt
Salz und Pfeffer

Den Backofen auf 175 Grad Umluft vorheizen.

Die Hähnchenteile mit Kurkuma, Paprika und Salz und Pfeffer würzen.

Einen größeren Topf, der auch backofentauglich ist, auf dem Herd erhitzen. Etwas Olivenöl zufügen und direkt die Hähnchenkeulen gut anbraten, bis diese halbgar sind und etwas Farbe bekommen haben. Dann aus dem Topf rausnehmen und beiseitestellen.

In dem Hähnchenfett nun die Zwiebelwürfel und den Knoblauch anschwitzen. Nun das komplette Gemüse und die Wurst zufügen und unter Rühren einige Minuten kräftig braten. Mit den Gewürzen (Kurkuma, Paprika, Safran) und den Brühepulvern (ohne Geschmacksverstärker) kräftig würzen. Nun die angebratenen Hähnchenteile auf die Mischung legen und alles ohne Deckel für 25 Minuten in den Ofen stellen. Nach den 25 Minuten den Topf rausholen und durchmischen.

Jetzt noch die Lachsstücke auf der Paella verteilen und für weitere 10 Minuten zurück in den Ofen.

Nährwerte pro Portion:
Kalorien: 611, Fett: 34,1 g, Kohlenhydrate: 16,6 g, Eiweiß: 54,9 g

Eine eigenwillige Interpretation des spanischen Nationalgerichts …

Veggiecarberei: Reichlich Rezeptideen, ganz ohne Fleisch

Fleischlos essen ist voll im Trend. Insbesondere auf ethischer Ebene kann ich das auch sehr gut nachvollziehen. Immer öfter kommen daher auch fleischlose Mahlzeiten auf den Happy-Carb-Tisch. Als Eiweißquellen bei den vegetarischen Rezepten dienen mir dabei Milchprodukte, Hülsenfrüchte, Nüsse oder auch hochwertiges Eiweißpulver. Auf Soja als Eiweißquelle verzichte ich dabei übrigens ganz bewusst. Also nicht wundern, wenn es hier keine nachgebastelten Tofutiere gibt. Funktioniert aber auch so ganz gut, wie meine 16 leckeren vegetarischen Ideen zeigen.

Ofengemüse mit Avocadozaziki

2 Portionen

Vegetarisch, einfach und lecker ...

150 g reife Avocado
Saft von einer halben Zitrone
150 g griechischer Joghurt, 10 % Fett
250 g Quark, 20 % Fett
2 Zehen Knoblauch, gepresst
200 g rote Paprika
200 g rote Zwiebeln
200 g Butternutkürbis (alternativ Kohlrabi)
200 g braune Champignons
Currypulver
Paprika, rosenscharf
25 ml Olivenöl, nativ extra
1 TL Oregano, getrocknet
Salz und Pfeffer

In einer Schüssel die klein geschnittene Avocado gemeinsam mit dem Zitronensaft mithilfe einer Gabel zermatschen. Den Joghurt, den Quark und den Knoblauch hinzufügen. Alles gut durchmischen und den getrockneten Oregano unterrühren. Mit Salz und Pfeffer kräftig abschmecken. Im Kühlschrank 1–2 Stunden durchziehen lassen.

Den Backofen auf 175 Grad Umluft vorheizen.

Das Gemüse in mundgerechte Stücke schneiden und in eine Ofenform geben. Kräftig mit Curry, Paprika, Salz und Pfeffer würzen. Olivenöl darüber geben und durchmischen. Für 30 Minuten in den Ofen stellen. Zwischendurch einmal durchrühren.

Das fertige Ofengemüse gemeinsam mit dem Avocadozaziki anrichten.

Nährwerte pro Portion:
Kalorien: 541, Fett: 34,2 g, Kohlenhydrate: 31,5 g, Eiweiß: 22,6 g

Brokkolimuffins mit Tomaten-Gorgonzola-Sauce

Low-Carb = Fleisch? Gleich gibt es auf die Ohren …

12 Muffins, 3 Portionen

Für die Brokkolimuffins:
50 g rote Zwiebeln, fein gehackt
1 kg Brokkoli mit Stiel, grob geraspelt
150 g Frischkäse
4 Eier, Größe M, zu Rührei verquirlt, mit Salz und Pfeffer gewürzt

Für die Tomaten-Gorgonzola-Sauce:
50 g rote Zwiebeln, fein gehackt
700 g Fleischtomaten, klein geschnitten
1 TL Erythrit
125 g Gorgonzola, mild
20 ml Olivenöl
Salz und Pfeffer

Den Backofen auf 180 Grad Umluft vorheizen.

Einen Topf mit etwas Olivenöl erhitzen. Die Zwiebelwürfel glasig dünsten und den Brokkoli hinzufügen. Einige Minuten braten und kräftig mit Salz und Pfeffer würzen. Den Herd ausschalten und den Topf von der warmen Platte ziehen. Den Frischkäse untermischen. Alles gut zermatschen. Wenn die Mischung nur noch lauwarm ist, das flüssige Ei unterheben. Mit Salz und Pfeffer abschmecken. Die Masse nun in die Muffinförmchen füllen und für 25–30 Minuten im Ofen backen.

Für die Tomatensauce die Zwiebelwürfel in Olivenöl glasig dünsten und die Tomatenstücke mit dem Erythrit hinzufügen. 10 Minuten köcheln lassen. Den Gorgonzola dazugeben und schmelzen lassen. Dann mit dem Pürierstab pürieren und mit Salz und Pfeffer würzen. Die Tomatensauce gemeinsam mit den Brokkolimuffins anrichten.

Nährwerte pro Portion:
Kalorien: 609, Fett: 39,6 g, Kohlenhydrate: 19,3 g, Eiweiß: 35,3 g

Mac and Cheese

4 Portionen

1,5 kg kleine Blumenkohlröschen, roh
Paprikapulver, rosenscharf
Muskatnuss, frisch gerieben
20 ml Olivenöl, nativ extra
250 ml Sahne
100 ml Milch
150 g Cheddar, herzhaft, fein gerieben
1/2 TL Johannisbrotkernmehl
50 g geröstete und gesalzene
Macadamianüsse, grob gehackt
Salz und Pfeffer

Den Ofen auf 175 Grad Umluft vorheizen.

Die Blumenkohlröschen in etwas Wasser für 8-10 Minuten vorkochen und abgetropft in eine Ofenform geben. Mit Paprikapulver, Muskatnuss, Salz und Pfeffer würzen. Dann mit dem Olivenöl mischen und für 15 Minuten in den Ofen stellen. In der Zwischenzeit die Sahne mit der Milch in einem kleinen Topf erwärmen. In dem heißen Sahne/Milchgemisch 2/3 des Cheddars schmelzen lassen. Das Johannisbrotkernmehl mit einem Schneebesen einrühren und die Käsesoße einmal aufkochen lassen. Mit Salz, Pfeffer und Muskatnuss abschmecken. Wenn der Blumenkohl soweit ist, dann die Käsesauce über dem Blumenkohl verteilen. Anschließend die gehackten Macadamias und den restlichen geriebenen Cheddar darüberstreuen. Für 10 Minuten zurück in den Ofen damit.

Nährwerte pro Portion:
Kalorien: 587, Fett: 46,6 g, Kohlenhydrate: 13,1 g, Eiweiß: 22,6 g

Der amerikanische Klassiker. Bloß mein Mac steht für Macadamia ...

Auberginen-Tomaten-Sauce mit Zucchininudeln

4 Portionen

1,5 kg Zucchini, in Nudelform geschnitten
15 ml Olivenöl, nativ extra

30 ml Olivenöl, nativ extra
500 g Auberginen, gewürfelt
50 g rote Zwiebeln, gehackt
1 Chilischote, fein gewürfelt oder 1 TL getrocknete Chiliflocken
1 Knoblauchzehe, gehackt
150 g getrocknete Tomaten, in Kräuter und Öl, in Streifen geschnitten
250 ml Gemüsebrühe
150 g Creme fraiche
150 g Pecorino, gerieben
Thymian, Oregano, Rosmarin und Salbei (frisch gehackt oder getrocknet)
Salz und Pfeffer

Selbst der größte Auberginenskeptiker wird hier zum Fan …

In einem nicht zu großen Topf 30 ml Olivenöl erhitzen. Darin die Auberginenwürfel anbraten, bis diese Farbe bekommen. Dann die Zwiebelwürfel, die Chili und den Knoblauch hinzufügen und alles für 3–4 Minuten braten. Nun noch die getrockneten Tomaten und die Gemüsebrühe hinzufügen und 15 Minuten köcheln lassen. Die Gemüsemischung mit dem Pürierstab teilweise pürieren. Einfach 2–3-mal kurz reinhalten. Die Sauce soll noch Stücke haben, aber gleichzeitig eine schöne Sämigkeit erhalten. Nun das Creme fraiche und die Hälfte des Pecorinos in der Auberginencreme schmelzen lassen. Anschließend noch die Kräuter hinzufügen und mit Salz und Pfeffer abschmecken. Die Sauce warm zur Seite schieben und in einem weiteren Topf Olivenöl erwärmen und darin die Zucchininudeln für 3–4 Minuten bissfest braten. Die Zucchininudeln gemeinsam mit der Auberginen-Tomaten-Sauce anrichten und mit dem restlichen Pecorino bestreuen.

Nährwerte pro Portion:
Kalorien: 528, Fett: 38,9 g, Kohlenhydrate: 20,3 g, Eiweiß: 20,1 g

Schüttelpizza Kreta

3 Portionen

200 g Hüttenkäse, 20 % Fett
150 g Feta, fein gehackt
3 Eier, Größe M, mit Salz und Pfeffer zu Rührei verquirlt
25 g Haferkleie (alternativ 10 g Flohsamenschalen)
125 g rote Spitzpaprika, in kleine Würfel geschnitten
75 g Oliven, grün, ohne Stein, fein gewürfelt
125 g rote Zwiebeln, gehackt
25 g getrocknete softe Tomaten (nicht in Öl eingelegt), klein geschnitten
3 Knoblauchzehen, fein gewürfelt
2 TL Gyrosgewürz
Salz und Pfeffer

Den Backofen auf 175 Grad Umluft vorheizen.

Alle Zutaten in eine große Schüssel geben. Deckel drauf und schütteln, was das Zeug hält. Oder alle Zutaten in eine Schüssel geben und mit der Küchenmaschine bzw. dem Rührgerät mischen.

Die Masse auf ein mit Backpapier vorbereitetes Blech geben und verteilen. Für 30–40 Minuten backen. Dazu passt ein schöner griechischer Tomaten-Gurken-Salat.

Nährwerte pro Portion:
Kalorien: 402, Fett: 24,8 g,
Kohlenhydrate: 15,6 g, Eiweiß: 26,4 g

Nur ein Urlaub auf der griechischen Insel ist besser …

Mozzarellanudeln mit Tomatensauce

2 Portionen

Von wegen, es gibt keine tollen Low-Carb-Nudeln …

Für die Mozzarellanudeln:
250 g Mozzarella, 45 % Fett, klein geschnitten
4 Eigelb
20 g Flohsamenschalen
1 TL Salz
50 g Eiweißpulver, Natural

Für die Tomatensauce:
10 ml Olivenöl, nativ extra
40 g Zwiebeln, gehackt
2 EL Tomatenmark, einfach konzentriert
1 Zehe Knoblauch, gehackt
200 g Kirschtomaten, geviertelt
400 g Tomaten geschält, aus der Dose
1 TL heller Balsamicoessig
1 TL Erythrit
2 EL getrocknete italienische Kräuter (Rosmarin, Thymian, Oregano, Salbei ...)
30 g geriebener Parmesan
Salz und Pfeffer

Für die Nudeln den Mozzarella gemeinsam mit den Eigelben pürieren. In diese Masse mit dem Rührgerät die trockenen Zutaten unterrühren. Den Teig für etwa 15 Minuten im Kühlschrank quellen lassen. Dann mit Eiweißpulver bemehlen und mithilfe von Frischhaltefolie oder Backpapier ganz dünn ausrollen. Bei Bedarf immer wieder mit Eiweißpulver einpudern. Wenn die Dicke nur noch etwa 1 mm ist, dann mit einem Pizzaroller in schmale Streifen schneiden. Der Teig läuft mit Eiweißpulver bemehlt auch gut durch die Nudelmaschine.

Bei den Mozzarellanudeln kommt es stark auf die Fähigkeiten des verwendeten Eiweißpulvers an. Nicht jedes ist in gleichem Umfang dafür geeignet. Ausgleichen kann man über die zusätzliche Zugabe von Eiweißpulver und Flohsamenschalen. Gegebenenfalls die Bindung noch mit Guarkernmehl oder Johannisbrotkernmehl erhöhen.

Für die Tomatensauce das Olivenöl erhitzen und darin die Zwiebelwürfel glasig dünsten. Dann den Knoblauch und das Tomatenmark zufügen und alles gemeinsam kurz braten. Die frischen Tomaten zufügen und untermischen. Mit den geschälten Tomaten ablöschen, den Essig und das Erythrit zufügen. Für 25 Minuten köcheln lassen. Dabei den Deckel schräg stellen, damit die Sauce etwas einreduziert.

Zum Schluss die Kräuter zur Tomatensauce geben und im Mixer mixen oder einfach im Topf pürieren und mit Salz und Pfeffer abschmecken.

Die Nudeln noch kurz für 2–3 Minuten im Wasser kochen und abgießen. Kurz ausdampfen lassen, dann bekommen sie mehr Biss. Gemeinsam mit dem frisch geriebenen Parmesan anrichten.

Nährwerte pro Portion:
Kalorien: 544, Fett: 34,3 g, Kohlenhydrate: 11,1 g, Eiweiß: 46,5 g

Tex-Mex-Sauerkraut-Enchiladas

4 Portionen

Ob man in Mexico überhaupt Sauerkraut kennt?

Für die Teigrollen:
3 Eier, Größe M
150 g Quark, 20 % Fett
50 g Gouda, mittelalt, gerieben
40 g Kichererbsenmehl
1 Prise Erythrit
1/2 TL Salz

Für die Füllung:
15 g Kokosöl, zum Braten
50 g rote Zwiebeln, fein gehackt
80 g Tomatenmark
150 g rote Paprika, in kleine Würfel geschnitten
2–3 EL Wasser
300 g Sauerkraut
1/2 TL Kreuzkümmel, gemahlen
1 TL Paprika, rosenscharf
1 Chilischote, fein gehackt (Habanero oder Jalapeno)
1 Dose Kidneybohnen (255 g), abtropfen lassen und mit Wasser abspülen
150 g Avocado, das Fleisch in kleine Stücke geschnitten
75 g Gouda, mittelalt, gerieben
Salz und schwarzer Pfeffer

Den Backofen auf 180 Grad Umluft vorheizen.

Die Zutaten für den Boden gut verrühren. Die Masse auf ein mit Backpapier ausgelegtes Backblech dünn verstreichen und dann für 15 Minuten backen. Abkühlen lassen und in 6 gleich große Stücke zerteilen.

In etwas Kokosöl die Zwiebelwürfel glasig dünsten. Dann das Tomatenmark hinzufügen und anschwitzen. Die Paprikawürfel dazugeben und alles 3–4 Minuten im Topf braten. Nun das

Wasser, das Sauerkraut und die Gewürze (inkl. Chili) untermischen. Zum Schluss noch die Kidneybohnen und die Avocado zugeben. Alles vermengen und mit Salz und Pfeffer abschmecken.

Die Teigplatten mit der Tex-Mex-Sauerkraut-Mischung füllen und alle nebeneinander mit der Öffnung nach oben in eine Auflaufform legen. Abschließend mit dem Käse bestreuen und für 20 Minuten im Ofen backen.

Nährwerte pro Portion:
Kalorien: 482, Fett: 29,7 g, Kohlenhydrate: 22,0 g, Eiweiß: 26,7 g

Käsespätzle mit Röstzwiebeln an buntem Salat

Zünftige Küche, die nicht nur im Schwabenländle schmeckt …

3 Portionen

Für das Spätzlebasisrezept:
3 Eier, Größe L
50 g Haferkleie
50 g Eiweißpulver, Natural
1 TL Salz
1/2 TL Kurkuma für eine schönere Farbe
Muskatnuss, frisch gerieben

Die Eier verrühren und die gemischten trockenen Zutaten esslöffelweise unterrühren, bis ein zähflüssiger Teig entsteht. Sollte der Teig noch zu flüssig sein, dann noch einen Esslöffel Haferkleie und einen Esslöffel Eiweißpulver unterrühren. Sollte er zu fest sein, einfach etwas Milch zugeben. Jetzt den Teig etwa 5–10 Minuten stehen lassen, damit die Haferkleie leicht quellen kann.

Einen Topf mit heißem Wasser zum leichten Sieden bringen und den Teig mit einer Spätzlepresse oder einem Schaber in das Wasser fallen lassen. Nach 1–2 Minuten steigen die Spätzle auf, können abgeschöpft werden und in einem Seiher zwischengelagert werden. So verfahren, bis der Teig aufgebraucht ist.

100 g Bergkäse, gerieben
200 g rote Zwiebeln, in Ringe geschnitten
15 g Butterschmalz
Salz und Pfeffer

Den Backofen auf 175 Grad Umluft vorheizen.

In einer Auflaufform Spätzle und Käse abwechselnd schichten und jeweils mit etwas Salz und Pfeffer würzen. Die Käsespätzle sollen mit etwas Käse bedeckt sein. Dann die Spätzle für 10–15 Minuten in den Ofen stellen und den Käse schmelzen lassen.

Die Zwiebelringe in etwas Butterschmalz braten, bis diese weich und braun sind. Das dauert etwa 15 Minuten. Mit Salz und Pfeffer würzen.

Für den bunten Salat:
2 Romana-Salate, klein geschnitten
150 g Kirschtomaten, geviertelt
150 g rote Paprika, in Stücke geschnitten
100 g Snack-Gurken, in Scheiben geschnitten

Für das Salatdressing:
15 ml heller Balsamicoessig
30 ml Olivenöl, nativ extra
25 g Kräuterfrischkäse
2 EL Wasser
1/2 TL Erythrit
Salz und Pfeffer

Die Zutaten für das Salatdressing mit einem Schneebesen mischen und dann auf den Salat geben.

Die Käsespätzle auf einen Teller geben. Röstzwiebeln darüber verteilen und gemeinsam mit dem bunten Salat servieren.

Nährwerte pro Portion:
Kalorien: 543, Fett: 33,8 g, Kohlenhydrate: 20,8 g, Eiweiß: 36,6 g

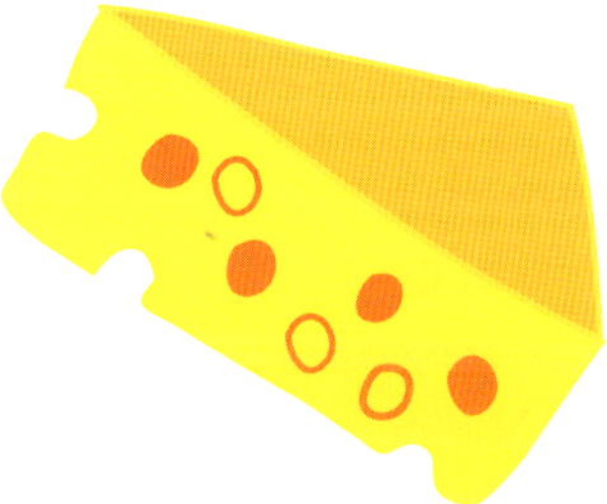

Röstgemüse mit Leinölspundekäs

2 Portionen

Für den Leinölspundekäs:
100 g Frischkäse
100 g Quark, 20 % Fett
1 TL Paprika, edelsüß
1/2 TL Paprika, rosenscharf
1 kleine Knoblauchzehe, gehackt
1/2 TL Kapern, gehackt
15 ml Leinöl
Salz und Pfeffer

Da könnte ich mich reinlegen ...

Alle Zutaten für den Spundekäs pürieren und anschließend gut im Kühlschrank durchziehen lassen.

Für das Röstgemüse:
400 g Butternutkürbis, geschält und entkernt,
250 g braune Champignons,
150 g rote Paprika und
150 g rote Zwiebeln, in mundgerechte Stücke geschnitten
25 ml Olivenöl
10 ml Leinöl, zum Beträufeln
Salz und Pfeffer

Den Backofen auf 175 Grad Umluft vorheizen.

Das klein geschnittene Gemüse mit dem Olivenöl mischen und mit Salz und Pfeffer würzen. Für 25 Minuten im Ofen rösten. Mit dem Spundekäs anrichten. Noch einige Tropfen Leinöl über den Spundekäs träufeln.

Nährwerte pro Portion:
Kalorien: 559, Fett: 40,1 g, Kohlenhydrate: 30,8 g, Eiweiß: 16,3 g

Blumigoreng mit Ei

3 Portionen

1,2 kg Blumenkohl, grob geraspelt
85 g Zwiebeln, gewürfelt
100 g Frühlingszwiebeln, in Ringe geschnitten
200 g Karotten, in Würfel geschnitten
150 g rote Paprika, gewürfelt
2 Zehen Knoblauch, gepresst
1 TL Ingwer, frisch gerieben
1 TL Sambal Oelek
1 EL dunkle Sojasauce
3 EL helle Sojasauce
50 g Erdnussmus
15 g Kokosöl, zum Braten
4 Eier, Größe L, zu Rührei verquirlt und mit Paprika, Salz und Pfeffer gewürzt

Einen großen beschichteten Topf oder Wok mit etwas Kokosöl erhitzen und die Zwiebeln glasig dünsten. Das Gemüse hinzugeben und 7–8 Minuten braten, bis es bissfest ist. Die restlichen Würzmittel und das Erdnussmus hinzugeben und gut durchmischen. Aufpassen, dass sich Sambal Oelek und das Erdnussmus gut verteilen.

In einer Pfanne das restliche Kokosöl erhitzen und darin das Rührei wie einen Pfannkuchen braten. Anschließend in Streifen schneiden und unter das Blumigoreng mischen.

Nährwerte pro Portion:
Kalorien: 463, Fett: 22,2 g, Kohlenhydrate: 27,5 g, Eiweiß: 27,7 g

So macht fleischlos satt und glücklich …

Veggie-Kürbis-Pizzinis

Wer braucht da noch Fleisch …

3 Portionen

Für die Pizziniböden:
900 g Butternutkürbis geschält und entkernt, grob geraspelt
85 g rote Zwiebeln, fein gehackt
50 g Gouda, mittelalt, gerieben
3 Eier, Größe M
15 g Flohsamenschalen
Salz und Pfeffer

Für den Belag:
150 g Kirschtomaten geviertelt
75 g rote Paprika, in dünne Streifen geschnitten
100 g Champignons, in Scheiben geschnitten
100 g rote Zwiebeln, in Ringe geschnitten
75 g Gouda, mittelalt, gerieben

Den Backofen auf 185 Grad Umluft vorheizen.

Die Zutaten für die Pizziniböden vermischen und auf zwei Backbleche mit Backpapier in 12, ca. 0,5 cm dicke runde Fladen verstreichen. Für 25 Minuten im Ofen backen.

Dann den Belag auf den Kürbispizzinis verteilen und mit dem Käse bestreuen. Dann erneut für 15 Minuten in den Ofen.

Nährwerte pro Portion:
Kalorien: 398, Fett: 19,1 g, Kohlenhydrate: 32,0 g, Eiweiß: 22,3 g

Beluga-Linsen-Curry auf Röstblumenkohl

Linsen und Curry haben sich lieb …

3 Portionen

Für den Röstblumenkohl:
600 g Blumenkohl, in Röschen geschnitten
20 g Kokosöl, geschmolzen
Curry
Paprika, rosenscharf
25 g Mandelblättchen
Salz und Pfeffer

Für das Linsencurry:
85 g Zwiebeln, gehackt
10 ml Kokosöl
50 g Madrascurrypaste oder gelbe Currypaste
125 g Beluga-Linsen
400 g Dosentomaten, gehackt
150 g rote Paprika, in Würfel geschnitten
100 g Karotten, in Würfel geschnitten
200 ml Kokosmilch

Den Backofen auf 180 Grad Umluft vorheizen. Die Blumenkohlröschen in einer Ofenform mit dem Kokosöl vermengen und mit den Gewürzen, Salz und Pfeffer kräftig würzen. Die Mandelblättchen darüberstreuen. Für 20–25 Minuten in den Ofen stellen. Zwischendurch einmal durchmischen. Am Ende eine Stechprobe machen, ob der Blumenkohl bissfest ist. Für das Curry die Zwiebelwürfel in Kokosöl glasig dünsten und die Currypaste kurz mit anschwitzen. Dann die Linsen unterrühren. Mit den Tomaten ablöschen und für 15 Minuten köcheln lassen. Dann die Gemüsewürfel hinzufügen und weitere 10 Minuten kochen. Zum Schluss noch die Kokosmilch unterrühren und das Beluga-Curry mit Salz und Pfeffer abschmecken. Gemeinsam mit dem gerösteten Blumenkohl anrichten.

Nährwerte pro Portion:
Kalorien: 545, Fett: 30,5 g, Kohlenhydrate: 37,2 g, Eiweiß: 20,8 g

Grüne Linsennudeln mit Champignons in Pestocreme

3 Portionen

Für die Linsennudeln:
70 g rotes Linsenmehl
10 g Spinatpulver (alternativ mehr Linsenmehl und Eiweißpulver)
75 g Eiweißpulver, Natural
15 g Flohsamenschalen
3 Eier, Größe M
15 m Olivenöl, nativ extra
1 TL Salz

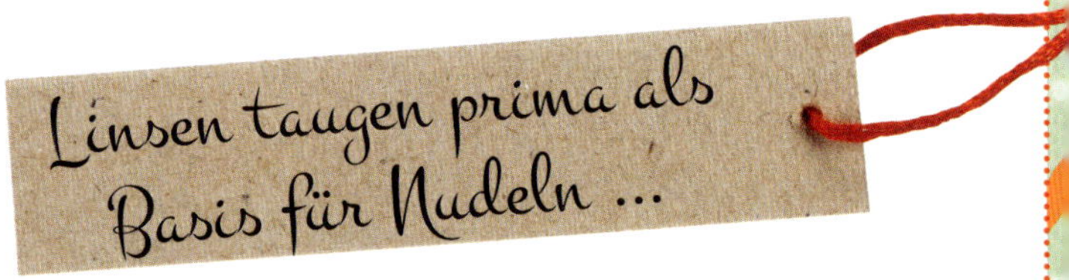

Für die Champignons:
15 ml Olivenöl, nativ extra
85 g rote Zwiebeln, gewürfelt
500 g braune Champignons, geviertelt
60 g Pesto rosso
50 g Frischkäse
30 g Parmesan, gerieben
Salz und Pfeffer

Für den Nudelteig die trockenen Zutaten in einer Rührschüssel vermengen. Dann die Eier und das Olivenöl verquirlen. Die flüssige Mischung, während der Teig mit dem Rührer bearbeitet wird, nach und nach hinzugeben. Am Ende soll ein kompakter, aber elastischer Teig entstehen. Den Nudelteig für mindestens 1 Stunde im Kühlschrank in Frischhaltefolie gewickelt ruhen lassen. Dann den klebrigen Nudelteig mit Eiweißpulver bestreut ausrollen, bis er nur noch 1 mm dick ist. Anschließend mit einem Pizzaroller Streifen abschneiden und nebeneinander gelagert aufbewahren bis zum Kochen.

In einem Topf in etwas Olivenöl auf mittlere Hitze erwärmen und die Zwiebelwürfel glasig dünsten. Dann die Champignons hinzufügen und alles 3–4 Minuten braten. Nun das Pesto und den Frischkäse hinzufügen und mit Salz und Pfeffer abschmecken

Die Linsennudeln in heißem Wasser für 2 Minuten köcheln. Das reicht schon, damit die Nudeln gar sind. In einem Sieb abtropfen lassen. Die frisch gekochten Nudeln mit den Champignons in Pestocreme servieren. Mit dem geriebenen Parmesan bestreuen.

Nährwerte pro Portion:
Kalorien: 551, Fett: 30,4 g, Kohlenhydrate: 19,8 g, Eiweiß: 45,0 g

Blumenkohltorte

4 Portionen

600 g rote Paprika in kleine Würfel geschnitten
20 ml Olivenöl, nativ extra
85 g Zwiebeln, in Würfel geschnitten
1,2 kg Blumenkohl, grob geraspelt
3 TL Gemüsebrühe, als Pulver
Kurkuma
Paprika, rosenscharf
Safran
150 g Gouda, mittelalt, gerieben
400 g gefrorener Blattspinat, aufgetaut und das Wasser ausgedrückt
2 Knoblauchzehen, gehackt
4 Eier, Größe M
150 g Kräuterfrischkäse
Butter, zum Einfetten
Salz und Pfeffer

Den Backofen auf 180 Grad Umluft vorheizen.

Die Paprikawürfel in einer Ofenform für 20 Minuten im Backofen rösten.

Etwas Olivenöl erhitzen und die Zwiebeln glasig dünsten. Dann den geraspelten Blumenkohl hinzufügen und halbgar braten. Mit dem Gemüsebrühepulver, dem Kurkuma, dem Paprika und dem Safranpulver kräftig würzen. In eine Schüssel geben und lauwarm abkühlen lassen. Dann 2/3 des geriebenen Goudas zum Blumenkohl geben und gut mischen.

Den Blattspinat mit dem gehackten Knoblauch im restlichen Olivenöl andünsten und mit Salz und Pfeffer würzen.

Eine Springform mit 26 cm Durchmesser mit Butter fetten und auf den Boden eine Lage Blumenkohl geben. Darauf den Spinat verteilen und darüber wieder eine Lage Blumenkohl geben. Dann die Paprikastücke verteilen und mit etwas Salz und Pfeffer würzen. Darauf dann den Rest des gebratenen Blumenkohls geben und den restlichen Käse darauf verteilen.

Die Springform von unten mit etwas Alufolie abdichten. Jetzt die Eier und den Frischkäse gemeinsam mit einem Schneebesen cremig rühren und noch etwas Salz und Pfeffer hinzufügen. Die Eiercreme gleichmäßig über dem Gemüsekuchen verteilen und so für 45–50 Minuten in den Ofen stellen. Nach 15 Minuten mit etwas Alufolie abdecken, damit die Blumenkohltorte nicht zu dunkel wird.

Aus dem Ofen holen und einmal mit dem Messer am Rand entlanggehen und anschließend vorsichtig die Springform öffnen und die Torte in Kuchenstücke schneiden.

Nährwerte pro Portion:
Kalorien: 557, Fett: 33,2 g, Kohlenhydrate: 21,9 g, Eiweiß: 29,6 g

Zur Torte geschichtet, wird der Blumenkohl ein Hochgenuss …

Sommerliche Kürbispfanne

3 Portionen

900 g Butternutkürbis nach Wahl, in mundgerechte Stücke geschnitten
einige Zweige frischer Rosmarin, in kurze Stücke geschnitten
15 ml Olivenöl, nativ extra
250 g Halloumikäse, in 16 Stücke geschnitten
250 g Kirschtomaten
75 g Basilikumpesto
Salz und Pfeffer

Den Backofen auf 175 Grad Umluft vorheizen.

Die Kürbisstücke mit den Rosmarinzweigen in eine Ofenform geben, mit Olivenöl und Salz und Pfeffer mischen und für 25 Minuten in den Ofen stellen.

Nach den 25 Minuten den Halloumi zu den Kürbisstücken geben und für 5 Minuten im Ofen braten lassen. Als nächstes noch die Kirschtomaten hinzufügen und für weitere 5 Minuten in den Ofen schieben.

Die Ofenform rausholen und die Kürbispfanne auf den Tellern anrichten. Das Basilikumpesto darüber verteilen.

Nährwerte pro Portion:
Kalorien: 539, Fett: 35,4 g, Kohlenhydrate: 30,0 g, Eiweiß: 21,9 g

Wenn ich weiter so viel Kürbis esse, ist für Halloween nichts mehr übrig ...

Bratkohlrabi mit Spinat-Käse-Creme

2 Portionen

800 g Kohlrabi geschält, in mundgerechte Stücke geschnitten
10 g Kokosöl
250 g junger TK-Spinat, jung, gehackt
100 g Frischkäse
125 g Gorgonzola, mild, klein geschnitten
Salz und Pfeffer

Den rohen Kohlrabi in etwas Kokosöl scharf anbraten und unter gelegentlichem Rühren wie Bratkartoffeln rösten. Der Kohlrabi soll durchaus etwas Farbe bekommen. Je nach Größe dauert das 10–15 Minuten. Während des Bratvorgangs immer wieder den Deckel für 1–2 Minuten auflegen, dann garen die Kohlrabistücke besser durch. Wer diesen Vorgang beschleunigen will, kocht die Kohlrabistücke in etwas Wasser für 8–10 Minuten vor.

In einem zweiten Topf das restliche Kokosöl erhitzen und den gefrorenen Spinat darin auftauen lassen. Den Frischkäse im warmen Spinat auflösen, den Gorgonzola hinzufügen und ebenfalls schmelzen lassen. Mit Salz und Pfeffer abschmecken.

Nährwerte pro Portion:
Kalorien: 518, Fett: 35,6 g, Kohlenhydrate: 17,1 g, Eiweiß: 26,7 g

Ratzfatz-Küche mit raffiniertem Käsearoma. Wer braucht da noch den Blubb?

Salate bringen Farbe auf den Teller

Salate sind meistens gesund, manchmal aber fürchterlich unsexy und wenig sättigend. An dieser Stelle präsentiere ich Salate, die entweder als komplette Hauptmahlzeit taugen oder als Beilage genossen werden können. Ob klassisch mit Blattsalaten oder auf Basis von Gemüse – kombiniert mit Fleisch oder Fisch in warm und kalt –, der Fantasie sind keine Grenzen gesetzt. Egal, für welchen Salat Sie sich entscheiden, alle sind vollgestopft mit jeder Menge Nährstoffen. Lassen Sie sich von den 12 Rezeptideen überraschen.

Schwäbischer Kohlrabisalat

4 Portionen als Beilage

1,2 kg Kohlrabi, geschält und geviertelt
125 g Bacon oder Schinkenspeck, in kleine Würfel geschnitten
100 g rote Zwiebeln, fein gewürfelt
15 ml heller Balsamicoessig
1 TL mittelscharfer Senf
15 ml Olivenöl
1 TL Gemüsebrühepulver
frische Kräuter, ge-
hackt (Schnittlauch, Petersilie und gerne Kerbel)
Salz und Pfeffer

Die Kohlrabi in Wasser für 20 Minu- t e n
bissfest garen und abkühlen lassen. In 3 mm dicke Scheiben schneiden.

Eine Pfanne erhitzen und die Baconwürfel ohne zusätzliches Fett scharf anbraten. Die Zwiebelwürfel hinzufügen und glasig dünsten. Dann den Inhalt der Pfanne in einer kleinen Schüssel leicht abkühlen lassen. In der lauwarmen Bacon-Zwiebel-Mischung die restlichen Zutaten für das Salatdressing untermischen. Die würzige Salatsauce anschließend über den Kohlrabischeiben verteilen und gut durchmischen. Den Salat mehrere Stunden bei Zimmertemperatur durchziehen lassen. Mit Salz und Pfeffer abschmecken.

Nährwerte pro Portion:
Kalorien: 222, Fett: 12,0 g, Kohlenhydrate: 13,8 g, Eiweiß: 12,0 g

Der Ersatz für den geliebten Kartoffelsalat ...

Fruchtiger Matjessalat

2 Portionen

250 g rohe Rote Bete, grob geraspelt
150 g Honigmelone, in Stücke geschnitten
50 g rote Zwiebeln, in Würfel geschnitten
200 g Matjesfilet, in Streifen geschnitten
2 Romana-Salatherzen, in breite Streifen geschnitten

Für das Dressing:
150 g griechischer Joghurt, 10 % Fett
25 g Senf, mittelscharf
1 TL Erythrit
15 ml heller Balsamicoessig
Salz und Pfeffer

Die Zutaten für den Matjessalat mischen. Den Romana-Salat anrichten und den Matjessalat daraufgeben. Das Dressing auf den Salat geben. Die Kombination von der fruchtig süßen Honigmelone mit dem Senf und dem Fisch ist sehr lecker.

Nährwerte pro Portion:
Kalorien: 401, Fett: 22,4 g, Kohlenhydrate: 27,6 g, Eiweiß: 20,8 g

Vitamine geballt auf die leckerste Art und Weise …

Gebratener Feta mit buntem Salat

Der Feta aus der Pfanne macht den Salat zu einer sättigendem Mahlzeit …

2 Portionen

Für den gebratenen Feta:
300 g Feta, 9 % Fett, in 4 Stücke geschnitten
1 kleines Ei, verquirlt und mit Salz und Pfeffer gewürzt
25 g Flohsamenschalen
25 g Kokosöl

Für den bunten Salat:
250 g Romana-Salat, klein geschnitten
150 g Kirschtomaten, geviertelt
100 g rote Paprika, in Stücke geschnitten
100 g Snack-Gurken, in Scheiben

Für das Salatdressing:
10 ml heller Balsamicoessig
20 ml Olivenöl, nativ extra
25 g Ziegenfrischkäse
1–2 EL Wasser
1 EL Schnittlauchröllchen, frisch oder tiefgekühlt
Salz und Pfeffer

Die Fetastücke durch das Ei ziehen und dann in den Flohsamenschalen wälzen. Das Salatdressing mit dem Schneebesen anrühren und die Zutaten für den Salat auf Tellern anrichten. Mit dem Dressing beträufeln. Eine Pfanne mit dem Kokosöl erhitzen und die panierten Fetastücke von beiden Seiten kross braten. Das dauert jeweils 2–3 Minuten. Dann auf den Salat legen und genießen.

Nährwerte pro Portion:
Kalorien: 568, Fett: 39,5 g, Kohlenhydrate: 12,1 g, Eiweiß: 36,4 g

Saté-Blumenkohl-Salat

4 Portionen

400 g Putenschnitzel, als Geschnetzeltes geschnitten, mit Salz und Pfeffer gewürzt
10 g Kokosöl

950 g Blumenkohl, in Röschen zerteilt
200 g Karotten, in Würfel geschnitten
150 g Frühlingszwiebeln, in Ringe geschnitten
2 hart gekochte Eier, in Scheiben geschnitten
40 g Erdnüsse, ohne Fett in der Pfanne geröstet

Für das Dressing:
200 ml Kokosmilch
40 g Erdnussmus
1 TL rote Currypaste
Salz und Pfeffer

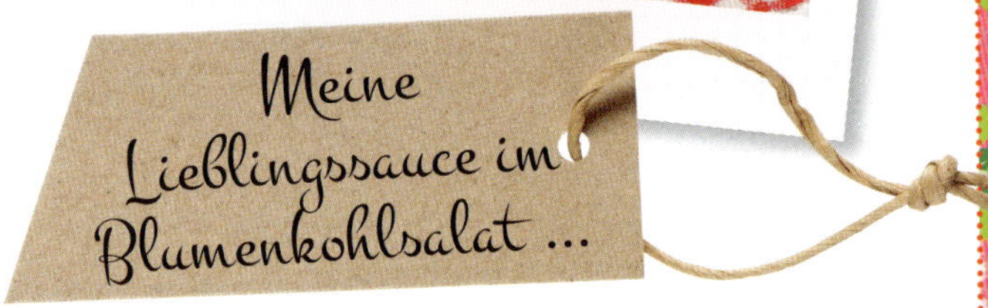

Das Putenfleisch im Kokosöl braten, bis es durchgegart ist. Abkühlen lassen. Die Blumenkohlröschen 15 Minuten in Gemüsebrühe kochen lassen. In den letzten 5 Minuten die Karottenstücke hinzufügen. Abgießen und ebenfalls abkühlen lassen.

Die Zutaten für das Salatdressing in einen hohen Behälter geben und mit dem Pürierstab pürieren.

Alle Bestandteile des Salates und das Dressing mischen. Mit Salz und Pfeffer abschmecken und dann gekühlt gut durchziehen lassen. Den Saté-Blumenkohl-Salat in Zimmertemperatur genießen.

Nährwerte pro Portion:
Kalorien: 510, Fett: 29,3 g, Kohlenhydrate: 14,9 g, Eiweiß: 40,8 g

Röstgemüsesalat

5 Portionen als Beilage

900 g Spitzkohl, in Streifen geschnitten
250 g rote Spitzpaprika, in Würfel geschnitten
150 g rote Zwiebeln, gehackt
300 g Aubergine, gewürfelt
200 g Karotten, in Würfel geschnitten
400 g kleine Zucchini, in Würfel geschnitten
50 ml Olivenöl
2 EL frischer Rosmarin, gehackt
Salz und Pfeffer

Für das Dressing:
150 g griechischer Joghurt, 10 % Fett
1 Knoblauchzehe, gepresst
10 g Sahnemeerrettich
30 ml Olivenöl
15 ml heller Balsamicoessig
1 EL Dill (frisch oder gefroren)

Den Backofen auf 185 Grad Umluft vorheizen.

Das Gemüse in eine Ofenform geben und mit dem Olivenöl, dem Rosmarin, Salz und Pfeffer mischen. Für 30 Minuten im Ofen rösten. Nach 20 Minuten einmal durchmischen. Anschließend lauwarm abkühlen lassen.

Die Zutaten für das Dressing mixen und unter das Gemüse mischen. Ziehen lassen und bei Zimmertemperatur servieren.

Nährwerte pro Portion:
Kalorien: 297, Fett: 19,4 g, Kohlenhydrate: 18,0 g, Eiweiß: 9,3 g

Fruchtiger Lachs-Tomaten-Salat

2 Portionen

500 g Kirschtomaten, halbiert
250 g Stremellachs, in Stücke geschnitten
25 g Schnittlauch, in Ringe geschnitten
1 kleine rote Zwiebel, gehackt

Für das Dressing:
150 g griechischer Joghurt, 10 % Fett
50 g TK-Mango, ungezuckert
50 ml Ketchup, zuckerfrei
Salz und Pfeffer

Für das Dressing die Zutaten pürieren und mit Salz und Pfeffer abschmecken.

Die Zutaten für den Salat mischen und mit dem Dressing servieren.

Nährwerte pro Portion:
Kalorien: 437, Fett: 23,0 g,
Kohlenhydrate: 17,6 g, Eiweiß: 39,3 g

Lachs und Tomate sind einfach unschlagbar …

Kohlrabi-Curry-Salat

4 Portionen als Beilage

1,2 kg Kohlrabi, in 2–3 cm große Würfel geschnitten
50 g TK-Erbsen
85 g rote Zwiebeln, gehackt
150 g rote Paprika, gewürfelt
100 g Frühlingszwiebeln, in Ringe geschnitten

Für das Dressing:
150 g griechischer Joghurt, 10 % Fett
15 ml heller Balsamicoessig
1 TL Erythrit
2 TL Curry
Salz und Pfeffer

Die Kohlrabistücke und die gefrorenen Erbsen in etwas Gemüsebrühe 7–8 Minuten garen und dann abkühlen lassen. Alle Zutaten für den Salat vermengen.

Die Zutaten für das Salatdressing mischen und über den Salat geben. Gut durchziehen lassen und gekühlt genießen. Perfekt zum Grillen oder zu gebratenem Fisch oder Fleisch. Mit Kidneybohnen oder klein geschnittenen Würstchen wird aus dem Beilagensalat eine volle Mahlzeit für unterwegs.

Nährwerte pro Portion:
Kalorien: 176, Fett: 4,7 g, Kohlenhydrate: 21,2 g, Eiweiß: 8,9 g

Der Lieblingssalat meiner Leser/innen …

Fleischsalat

2 Portionen

200 g gekochter Schinken, in Streifen geschnitten
85 g rote Zwiebeln, gewürfelt
150 g rote Paprika, in Würfel geschnitten
100 g Gewürzgurken, gewürfelt
1/2 Bund Schnittlauch, in Ringe geschnitten
150 g griechischer Joghurt, 10 % Fett
1 EL Gurkenwasser, aus dem Glas
1 TL Sahnemeerrettich
1 TL Erythrit
250 g Romana-Salatherzen in die einzelnen Blätter zerteilt
Salz und Pfeffer

Die Zutaten für den Fleischsalat mischen und in den Romana-Salatblättern anrichten. Schmeckt ganz einfach aus der Hand gegessen.

Nährwerte pro Portion:
Kalorien: 275, Fett: 12,1 g,
Kohlenhydrate: 11,3 g, Eiweiß: 28,0 g

Fleischsalat ist total retro, aber saulecker ...

Bunter Salat mit cremigem Hähnchengyros

2 Portionen

Für das cremige Hähnchengyros:
250 g Hähnchenbrust, zu Geschnetzeltem geschnitten und mit 1 EL Gyrosgewürz, 2 EL Olivenöl und 1 gepressten Knoblauchzehe 4 Std. mariniert
150 g rote Zwiebeln, in Ringe geschnitten
1 TL rote Currypaste
100 g Frischkäse
2–3 EL Wasser
Salz und Pfeffer

Die griechischen Götter würden sich die Finger ablecken …

Für den bunten Salat:
2 Mini-Romana-Salate, klein geschnitten
150 g rote Paprika, in Streifen geschnitten
150 g Kirschtomaten, halbiert
200 g Landgurke, entkernt und in Stücke geschnitten
75 g Feta, gewürfelt

Die Zutaten für den bunten Salat mischen und in 2 Schalen anrichten.

Das marinierte Hähnchengyros ohne weitere Zugabe von Fett scharf anbraten, die Zwiebelringe zufügen und alles braten, bis das Fleisch gar ist und die Zwiebeln weich. Dann die Currypaste zufügen und ebenfalls kurz anschwitzen. Anschließend den Frischkäse und das Wasser unterrühren. Mit Salz und Pfeffer abschmecken. Das warme Hähnchengyros über dem Salat verteilen.

Nährwerte pro Portion:
Kalorien: 566, Fett: 35,1 g, Kohlenhydrate: 16,8 g, Eiweiß: 42,8 g

Orient-Hack-Kohl-Salat

4 Portionen

250 g mageres Rinderhack
1 EL Olivenöl, nativ extra
100 g rote Zwiebeln, geviertelt und in Streifen geschnitten
3–4 TL Harissapaste
100 g Kirschtomaten, geviertelt
4 Stück Frühlingszwiebeln, in Ringe geschnitten
Salz und Pfeffer

Gemüse, Fleisch und tolle Aromen. Mehr geht kaum in einem Salat …

1 kg Spitzkohl, in 5 mm breite Streifen geschnitten
150 g rote Paprika, in Würfel geschnitten
2 EL Butter, geschmolzen
Salz und Pfeffer

1 Dose Kidneybohnen, 255 g Abtropfgewicht, mit Wasser abgespült

Für das Dressing:
150 g griechischer Joghurt, 10 % Fett
1 EL heller Balsamicoessig
1 EL Olivenöl, nativ extra
1/2 TL Kreuzkümmel
1 Msp. Zimt
Salz und Pfeffer

Den Backofen auf 175 Grad Umluft vorheizen.

Das Hackfleisch mit etwas Olivenöl auf mittlerer Hitze anbraten und die Zwiebelringe und die Harissapaste ebenfalls zufügen. Nach einigen Minuten die Tomatenstücke unterrühren. Mit Salz und Pfeffer würzen. Wenn die Zwiebeln weich sind, dann vom Herd nehmen und die Frühlingszwiebelringe unterheben. Abkühlen lassen.

Die Kohlstreifen und die Paprika in eine Ofenform werfen und die geschmolzene Butter darüber verteilen. Durchmischen und mit Salz und Pfeffer würzen. Für 25 Minuten im Ofen braten. Zwischendurch zweimal durchrühren und anschließend abkühlen lassen.

Die Zutaten für das Salatdressing mischen.

Am Ende den abgekühlten Kohl und das Hackfleisch mischen. Die Kidneybohnen zufügen und alles für mindestens 2 Stunden ziehen lassen. Das Dressing kurz vorm Verzehr zum Salat geben. Sehr lecker und sättigend.

Nährwerte pro Portion:
Kalorien: 478, Fett: 27,5 g, Kohlenhydrate: 25,9 g, Eiweiß: 26,7 g

Spargel-Erdbeer-Salat mit Schinken

2 Portionen

750 g weißer Spargel, geschält und in mundgerechte Stücke geschnitten
250 g Erdbeeren, geviertelt
50 g Frischkäse
2 TL Sahnemeerrettich
3 EL Schnittlauch, in Ringe geschnitten
150 g gekochter Schinken, in Streifen geschnitten
etwas Erythrit
Salz und Pfeffer

Den Spargel in etwa 200 ml Wasser mit etwas Salz und Erythrit 8–10 Minuten bissfest garen. Abgießen und die Kochflüssigkeit auffangen.
Den Spargel abkühlen lassen.

50 ml von der warmen Spargelkochflüssigkeit mit dem Frischkäse cremig rühren und den Sahnemeerrettich untermischen. Dann noch mit Salz, Pfeffer und etwas Erythrit abschmecken.

Den Spargel mit den Erdbeeren, dem Schnittlauch und den Schinkenstreifen anrichten. Das Dressing darüber geben.

Nährwerte pro Portion:
Kalorien: 274, Fett: 11,1 g, Kohlenhydrate: 15,8 g, Eiweiß: 23,9 g

Oh, du schöne Frühlingszeit …

Cevapcicisalat

2 Portionen

Für das Cevapcicihack:
10 g Kokosöl
85 g rote Zwiebeln, gehackt
250 g mageres Hackfleisch, nach Wunsch
20 g Ajvar, scharf
1 TL Sambal Oelek
1/2 TL Kreuzkümmel, gemahlen
1 TL Paprika, rosenscharf
Salz und Pfeffer

Der Balkan grüßt mit dem Cevapcicisalat …

Für die Salatmischung:
2 Mini-Romana-Salate, klein geschnitten
150 g rote Paprika, in Streifen geschnitten
150 g Kirschtomaten, halbiert
150 g Avocado, in Stücke geschnitten

Für das Dressing:
150 g griechischer Joghurt, 10 % Fett
2 Gewürzgurken, in kleine Stücke geschnitten
2 EL Gurkenwasser, aus dem Glas
2 EL Ajvar, scharf
Salz und Pfeffer

Die Zutaten für das Salatdressing vermengen. Die Bestandteile des bunten Salates mischen und in 2 Schalen anrichten.

Das Kokosöl in einer Pfanne erhitzen. Die Zwiebelstücke andünsten und das Hackfleisch zufügen. Schön krümelig braten und dann alle Würzmittel untermischen. Die pikante Hackfleischmischung warm auf den Salat geben und das Salatdressing darüber verteilen.

Nährwerte pro Portion:
Kalorien: 465, Fett: 27,0 g, Kohlenhydrate: 17,8 g, Eiweiß: 33,6 g

Süße Sünden und pikante Knabbereien

Low-Carb ist eine Lebenseinstellung, keine Strafe. Also gehören auch Süßigkeiten, herzhafte Knabbereien und leckere Nachtische zum Leben. Alles ohne den Zusatz von Haushaltszucker und doch wird unser süßer Gaumen verwöhnt. Hier eine kleine Auswahl von Leckereien, die Lust auf mehr machen.

Spicy Knuspermandeln

Knabbern im Kino macht auch Low-Carb-Laune ...

6 Portionen

200 g Mandeln
2 TL feines Salz
1 EL Erythrit
2 TL Curry
1 TL Paprika, rosenscharf

Die Mandeln mit Haut für 1 Minute in kochendes Wasser geben. Abgießen und kalt abschrecken. Die Haut lässt sich nun ganz hervorragend abziehen. Die gehäuteten Mandeln mit Küchenpapier trocken tupfen.

Die blanchierten Mandeln in einer großen Pfanne ohne Fett goldbraun rösten. Die Herdplatte ausschalten. Das Salz hinzufügen, dann das Erythrit über die Mandeln streuen und durchrühren. Das Erythrit schmilzt in der Hitze sofort. Jetzt noch das Curry und den Paprika über die gerösteten Mandeln geben und gut durchmischen. In der Pfanne unter gelegentlichem Umrühren erkalten lassen.

Nährwerte pro Portion:
Kalorien: 200, Fett: 18,2 g,
Kohlenhydrate: 2,5 g, Eiweiß: 6,5 g

Low-Carb-Marzipankartoffeln

Ergibt etwa 15 Marzipankartoffeln

25 ml Vanille-Sirup, zuckerfrei
1 TL Rosenwasser
3 Tropfen Bittermandelaroma
2–3 TL Stevia-Streupulver mit Erythrit
150 g fein gemahlene blanchierte Mandeln
15 g Kakaopulver, zum Wenden der Marzipankartoffeln

Den zuckerfreien Sirup mit dem Rosenwasser und dem Bittermandelaroma vermischen. Darin das Stevia-Streupulver auflösen.

Die süße Flüssigkeit zu den gemahlenen Mandeln geben und mit der Küchenmaschine oder dem Rührgerät zu einem festen Teig vermengen. Probieren und nach eigenem Geschmack evtl. noch mit der Stevia-Streusüße abschmecken. Mit der Hand zu kleinen Kugeln formen und diese in etwas Kakaopulver wenden.

Nährwerte pro Marzipankartoffel:
Kalorien: 62, Fett: 5,6 g, Kohlenhydrate: 0,8 g,
Eiweiß: 2,2 g

Für die Naschkatzen unter uns …

Frozen Fruchtbombe

3 Portionen

200 g TK-Himbeeren, ungezuckert
50 g TK-Mango, ungezuckert
200 ml Kokosmilch
Saft von 1 Limette
50 g Puder-Erythrit

Das gefrorene Obst antauen lassen. Gemeinsam mit den anderen Zutaten in den Mixer füllen und zu einer cremigen Masse mixen. Anschließend direkt in die Eismaschine geben und nach etwa 25–30 Minuten ist das fruchtige Eis fertig.

Man kann die Fruchtcreme auch prima in der Tiefkühltruhe gefrieren.

Nährwerte pro Portion:
Kalorien: 159, Fett: 12,4 g, Kohlenhydrate: 10,0 g, Eiweiß: 2,8 g

Fruchtiger kann ein Eis kaum sein …

Hot-Curry-Kokoschips

2 Portionen

50 g Kokoschips (möglichst große Exemplare)
1/2 TL Curry
1/4 TL Extra-Hot-Chili-Powder (wer es milder mag, nimmt Paprika, rosenscharf)
1/2 TL Erythrit
1/4 TL Salz

Die Kokoschips in einer Pfanne ohne Fett wenige Minuten hellbraun rösten.

Alle Gewürze mit dem Erythrit und dem Salz vermischen. Kurz vor Schluss zu den Kokoschips in die Pfanne geben. Abkühlen lassen und die Hot-Curry-Kokoschips knuspern.

Nährwerte pro Portion:
Kalorien: 173, Fett: 15,9 g,
Kohlenhydrate: 3,3 g, Eiweiß: 2,3 g

Ein Leben ohne gelegentliches Knabbern ist kein Leben …

Low-Carb-Schokoladeneis

3 Portionen

200 ml Kokosmilch, gut gekühlt
100 ml Milch, gut gekühlt
30 g Eiweißpulver, Schokolade
3 EL Puder-Erythrit
20 g Kakaopulver
50 g Xylit-Schokodrops
1 EL Kakaonibs

Die Kokosmilch mit der Milch, dem Eiweißpulver, dem Erythrit und dem Kakaopulver im Mixer schaumig mischen.

Die Creme direkt in die Eismaschine geben und entsprechend der Gebrauchsanleitung arbeiten lassen. Wenn das Eis fast fertig ist, dann noch die Xylit-Schokodrops zufügen. Die Maschine so lange arbeiten lassen, bis das Eis schön cremig und fest ist. Mit einigen Kakaonibs bestreuen.

Nährwerte pro Portion:
Kalorien: 325, Fett: 25,2 g, Kohlenhydrate: 7,3 g, Eiweiß: 13,5 g

Bei meinem Lieblingseis gehe ich kein Geschmacksrisiko ein …

Low-Carb-Zitronenmarmelade

Ergibt 1 Glas Marmelade von etwa 350 g (35 x Brotaufstrich á 10 g)

600 g Bio-Zitronen
75 g Gelier-Xucker

Die Zitronen 30 Minuten in Wasser kochen. Dann abgießen und abkühlen lassen.

Nun die Zitronen halbieren und das weiche Innenleben in ein Schüsselchen löffeln. Dabei die Trennwände in der Zitrone lassen und nur das feine Fruchtfleisch verwenden. Die Kerne entfernen und den zitronigen Inhalt in einen Topf geben. Von den Zitronenhüllen dünn außen die Schale mit einem Messer entfernen und diese in feine Streifen schneiden. Am Ende sollen etwa 250–300 g an Zitronenkompott als Basis für die Marmelade übrig sein.

Zur zitronigen Masse Gelier-Xucker geben und alles gemeinsam erhitzen. Für 3–4 Minuten kochen lassen und dann direkt heiß in ein Marmeladenglas füllen. Deckel drauf und verschließen.

Nährwerte pro Portion:
Kalorien: 8, Fett: 0,1 g,
Kohlenhydrate: 1,5 g, Eiweiß: 0,1 g

Da geht die Sonne im Marmeladenglas auf …

Schoko-Mandel-Konfekt

Ergibt etwa 30 Stück Konfekt

75 g gehackte blanchierte Mandeln
1 EL Erythrit
90 g Mascarpone
40 g Mandelmus
60 g Kokosöl, geschmolzen, lauwarm
10 g Butter, geschmolzen, lauwarm
3 TL Stevia-Streupulver mit Erythrit
30 g Eiweißpulver, Schokolade
20 g Kakaopulver

Die gehackten blanchierten Mandeln in einer Pfanne ohne Fett goldgelb rösten und am Ende das Erythrit in der Pfanne verteilen. Das Mandelkrokant abkühlen lassen und immer wieder durchmischen, damit die Stücke nicht zusammenkleben.

Eine Rührschüssel nehmen und alle Zutaten hineingeben. Mit der Küchenmaschine oder per Hand verrühren.

Die fertige Masse mit einem Teelöffel auf ein mit Backpapier ausgelegtes Backblech geben und zum Aushärten an einen kühlen Ort stellen. Dann das Schoko-Mandel-Konfekt in ein Schälchen legen und im Kühlschrank aufbewahren. Direkt aus dem Kühlschrank genießen.

Nährwerte pro Stück Konfekt:
Kalorien: 63, Fett: 5,8 g, Kohlenhydrate: 0,5 g, Eiweiß: 1,9 g

Schokoladig, mandelig und einfach nur lecker …

Schokoladentiramisu

Ein Traum von einem Tiramisu …

6 Portionen

Für den Schokoladenboden:
50 g Butter, geschmolzen
50 g Erythrit
2 TL Stevia-Streupulver mit Erythrit
2 Eier, Größe M
100 ml Milch
25 g Kokosmehl
5 Mandelmehl, entölt
35 g Eiweißpulver, Vanille
15 g Kakaopulver
1 TL Backpulver

Für die cremige Füllung:
250 g Mascarpone
250 g Quark, 40 % Fett
2 Eigelb, Größe M
75 g Puder-Erythrit
25 ml Vanille-Sirup, zuckerfrei
15 g Eiweißpulver, Vanille
etwas gemahlene Bourbonvanille

2–3 Tassen kalter Espresso
1 EL Frangelico (alternativ Amaretto, Vin Santo, Grappa oder weglassen)
Kakao, zum Bestäuben

Den Backofen auf 175 Grad Umluft vorheizen.

Die trockenen Zutaten für den Boden in einer Schüssel abwiegen und mischen. Alle nassen Zutaten mit den Süßmitteln in einer Rührschüssel mit einem Handrührgerät oder einer Küchenmaschine vermengen lassen. Esslöffelweise die trockene Mischung unterrühren.

Den Teig entweder wie einen kleinen runden Kuchen backen (18 cm Form) für 40 Minuten und dann in 3 Lagen schneiden oder ich habe eine eckige Form verwendet, in der ich gleichzeitig mehrere flache Böden backen kann. Dann reichen 20 Minuten im Backofen. Die Böden abkühlen lassen.

Alle Zutaten für die Mascarponecreme verrühren.

Den untersten Teil des Bodens in eine Auflaufform oder auf eine Platte legen. Den Espresso mit Likör mischen und den Boden damit beträufeln. Anschließend Mascarponecreme darauf streichen und einen Boden darauflegen. Nun wieder mit der Espresso-Likör-Mischung benetzen und so fortfahren, bis alle Teigplatten aufgebraucht sind und das Tiramisu mit der Mascarponecreme abschließt. Noch mit Kakaopulver bestäuben und mindestens 6–8 Stunden im Kühlschrank ziehen lassen.

Nährwerte pro Portion:
Kalorien: 412, Fett: 33,0 g, Kohlenhydrate: 6,0 g, Eiweiß: 21,2 g

Herzhafte Backträume, die Lust auf mehr machen

Ein Leben ohne Brot und Brötchen? Was ist mit Pizza, Quiche und Co.? Keine Panik, denn all das, was kulinarisch Freude macht und tief in unseren Gewohnheiten verwurzelt ist, geht auch Low-Carb. Die folgenden 18 Rezepte für die herzhaften Leckereien aus der Happy-Carb-Backstube lassen kaum Wünsche offen. Dann mal ran an die Rührschüssel.

Omega-3-Brot

1 Kastenbrot von 30 cm Länge
ergibt etwa 24 Scheiben

500 g Magerquark
5 Eier, Größe M
125 g Haferkleie
75 g Eiweißpulver, Natural
50 g Walnussmehl, entölt
50 g Goldleinsamen, geschrotet
30 g Chia-Samen
30 g Hanfsamen, geschält
90 g Walnusskerne, mit einem Messer gehackt
2 TL Backpulver
2 TL Salz
1 TL Erythrit
optional Brotgewürz nach Geschmack

Den Backofen auf 175 Grad Umluft vorheizen.

Alle Zutaten mit der Küchenmaschine oder dem Rührgerät auf einen Schlag in einer großen Schüssel verrühren, den Teig in eine mit Backpapier ausgekleidete Kastenform geben.

Für 50–60 Minuten in den Ofen. Am Ende Stechprobe mit einem Holzspieß machen. Im Kühlschrank aufbewahren. Das Omega-3-Brot lässt sich gut einfrieren und schmeckt aufgetoastet hervorragend.

Nährwerte pro Scheibe:
Kalorien: 123, Fett: 6,6 g, Kohlenhydrate: 4,6 g, Eiweiß: 9,7 g

Walnüsse und Samen verbessern die Omega-3-Bilanz …

Lachs-Schmand-Küchlein mit buntem Salat

Kalt und warm unglaublich lecker ...

3 Portionen, 6 Stück aus der (Silikon-)Muffinform

Für die Küchlein:
250 g Schmand, 20 % Fett
2 Eier, Größe M
25 g Kokosmehl
15 g Flohsamenschalen
1/4 TL Salz
200 g geräucherter Lachs, in kleine Stücke geschnitten
1 Bund Schnittlauch, in Röllchen geschnitten

Für den bunten Salat:
2 Romana-Salate, klein geschnitten
150 g Kirschtomaten, geviertelt
150 g rote Paprika, in Stücke geschnitten
250 g Landgurke, entkernt, in kleine Stücke geschnitten
1 TL heller Balsamicoessig
30 ml Olivenöl, nativ extra
15 g Sahnemeerrettich
2 EL Wasser
etwas frischer oder gefrorener Dill
Salz und Pfeffer

Den Backofen auf 175 Grad Umluft vorheizen. Die Zutaten für den Teig der Lachs-Schmand-Küchlein in eine Rührschüssel geben und verrühren. Einige Minuten quellen lassen. Als letztes den Lachs und die Schnittlauchröllchen vorsichtig unterheben. Die Masse auf 6 Portionen in einer (Silikon-)Muffinform verteilen. 30 Minuten backen. Die Bestandteile des Salates mischen und die Zutaten für das Salatdressing mit einem Schneebesen verrühren. Den Salat zu den Lachs-Schmand-Küchlein servieren.

Nährwerte pro Portion:
Kalorien: 524, Fett: 40,3 g, Kohlenhydrate: 12,3 g, Eiweiß: 24,2 g

Walnuss-Röstgemüse-Baguette

2 Baguettes, 6 Portionen Beilagenbrot

Für das Röstgemüse:
125 g rote Zwiebeln, gewürfelt
125 g rote Spitzpaprika, in kleine Würfel geschnitten
25 g Butter, geschmolzen
Salz

200 g saure Sahne
3 Eier, Größe M
75 g Haferkleie
40 g Eiweißpulver, Natural
25 g Kokosmehl
35 g Walnussmehl, entölt
25 g Walnüsse, gehackt
1 TL Backpulver
1 TL Salz
1 TL Erythrit

Den Backofen auf 175 Grad Umluft vorheizen.

Die Zwiebelwürfel und die Paprikawürfel gesalzen und mit einer Prise Erythrit bestreut in eine Ofenform geben und die Butter darüber verteilen. Für 25–30 Minuten im Backofen rösten und dann abkühlen lassen.

Alle Zutaten für den Teig (außer dem Gemüse) auf einen Schlag in eine Rührschüssel geben und zu einem Teig verrühren. Am Ende vorsichtig das geröstete Gemüse unterheben. Den Teig einige Minuten quellen lassen und dann in Form von »Baguettes« auf ein mit Backpapier belegtes Blech geben. Für 35–40 Minuten in den Ofen.

Nährwerte pro Scheibe:
Kalorien: 266, Fett: 15,7 g, Kohlenhydrate: 12,4 g, Eiweiß: 15,4 g

Das perfekte Beilagenbrot mit Gemüseanteil …

Happy-Carb-Pizza

Für mich die beste Low-Carb-Pizza …

3 Portionen

Für den Pizzaboden:
30 g Mandelmehl, nicht entölt
30 g Eiweißpulver, Natural
30 g Goldleinsamen, geschrotet
1 TL Salz
1/2 TL Erythrit
1/2 TL Backpulver
30 g Olivenöl, nativ extra
125 g Mozzarella, 45 % Fett, in kleine Würfel geschnitten
1 Ei, Größe M

Für den Pizzabelag:
75 g Tomatenketchup, zuckerfrei, oder eine andere dicke Tomatensauce, sparsam und nicht zu viel, damit der Boden nicht aufweicht
100 g gekochter Schinken, Scheiben in Stücke geschnitten
75 g Champignons, blättrig geschnitten
100 g Zwiebeln, in Ringe geschnitten
100 g rote Paprika, in Streifen geschnitten
100 g geriebener Käse
Oregano, getrocknet

Den Backofen auf 185 Grad Umluft vorheizen. Ein Blech mit Backpapier vorbereiten.

Die trockenen Zutaten für den Pizzaboden in einer Schüssel vermischen. Das Olivenöl, den Mozzarella und das Ei in einen hohen schmalen Behälter geben und mit einem Pürierstab zu einem Brei pürieren. Die Masse in eine Rührschüssel geben und die trockene Mischung esslöffelweise unterrühren. Am Ende den Teig in etwas Frischhaltefolie hüllen und für 1–2 Stunden kühlen lassen.

Anschließend den kühlen Teig auf dem Backpapier zu einem dünnen Pizzaboden verteilen. Ich nehme dazu ein zweites Blatt Backpapier und rolle den Teig dazwischen aus. Den Pizzaboden für 18–20 Minuten vorbacken. Als nächstes den Pizzaboden aus dem Ofen holen, dünn mit der Tomatensauce bestreichen und belegen. Zum Schluss den Käse darauf verteilen und noch mit Oregano bestreuen. Dann geht es zurück in den Ofen für weitere 15 Minuten.

Die Pizza wird mit einem dünnen Teig schön knusprig und kann in Stücke geschnitten gut aus der Hand gegessen werden. Reicht mit einer großen Portion Salat für 3 Personen.

Nährwerte pro Portion:
Kalorien: 559, Fett: 40,7 g, Kohlenhydrate: 8,2 g, Eiweiß: 36,5 g

Pesto-Parmesan-Schnecken

Ergibt etwa 20 Schnecken

Für den Mozzarellateig:
100 g Mandelmehl, nicht entölt
60 g Kartoffelfasern
2 TL Salz
2 TL Backpulver
1 TL Guarkernmehl
100 g Butter, weich
250 g Mozzarella, 45 % Fett, in kleine Würfel geschnitten
2 Eier, Größe L

Für die Füllung:
100 g Pesto rosso
75 g Parmesan, fein gerieben

Den Backofen auf 180 Grad vorheizen. Ein Blech mit Backpapier vorbereiten.

Die trockenen Zutaten für den Teig in einer Schüssel vermischen. Die Butter, den Mozzarella und die Eier in einen hohen schmalen Behälter geben und mit einem Pürierstab zu einem Brei pürieren. Die Masse in eine Rührschüssel geben und die trockene Mischung esslöffelweise unterrühren. Am Ende den Teig in etwas Frischhaltefolie hüllen und für 1–2 Stunden kühlen lassen.

Anschließend den kühlen Teig rechteckig 1 cm dick ausrollen. Ich nehme dazu immer ein zweites Blatt Backpapier und rolle den Teig dazwischen aus. Das Pesto auf dem Teig verteilen und dann mit dem Parmesan bestreuen. Vorsichtig von der langen Seite her aufrollen und die Rolle mit einem Messer in 1–2 cm dicke Scheiben schneiden und auf das mit Backpapier ausgelegte Blech legen. Jetzt nur noch für 25–30 Minuten goldbraun backen. Die Pestoschnecken schmecken frisch, noch lauwarm am besten. Aber auch kalt sehr lecker.

Nährwerte pro Schnecke:
Kalorien: 149, Fett: 12,7 g, Kohlenhydrate: 1,5 g, Eiweiß: 5,8 g

Ein Partysnack, der jedem schmeckt …

Low-Carb-Buttermilch-Kartoffelbrot

1 kleines Kastenbrot von 20 cm Länge
ergibt etwa 16 Scheiben

250 ml Buttermilch
25 g Butter, geschmolzen
3 Eier, Größe M
25 g Leinsamenmehl, entölt
25 g Kokosmehl
30 g Flohsamenschalen
25 g Eiweißpulver, Natural
30 g Kartoffelfasern
25 g Goldleinsamen, geschrotet
25 g Hanfsamen, geschält
1 TL Backpulver
1 TL Salz
1 TL Erythrit

Den Backofen auf 175 Grad Umluft vorheizen.

Alle Zutaten in einer Schüssel mit der Küchenmaschine verrühren und den Teig einige Minuten quellen lassen. Dann in eine mit Backpapier ausgekleidete Kastenform geben.

Für etwa 50 Minuten in den Ofen. Die doppelte Menge an Zutaten passt für eine Kastenform von 30 cm. Dann die Backzeit 10 Minuten erhöhen.

Im Kühlschrank aufbewahren. Das Brot lässt sich auch prima einfrieren.

Nährwerte pro Scheibe:
Kalorien: 69, Fett: 4,1 g, Kohlenhydrate: 1,2 g, Eiweiß: 5,0 g

Niemand wird denken, dass das Brot »Low-Carb« ist ...

Spinat-Räucherlachs-Quiche

4 Portionen
1 Quicheform von 25–26 cm Durchmesser

Für den Quicheboden:
45 ml Olivenöl, nativ extra
125 g Mozzarella, 45 % Fett, in kleine Würfel geschnitten
1 Ei, Größe M
50 g Mandelmehl, nicht entölt
10 g Traubenkernmehl
25 g Kokosmehl
1 TL Salz
1 TL Backpulver
1/4 TL Guarkernmehl

Der Räucherlachs gibt den guten Geschmack …

Für die Füllung:
75 g Schalotten, gehackt
10 ml Olivenöl, nativ extra
350 g TK-Blattspinat, aufgetaut, ausgedrückt und mit dem Messer gehackt
150 g Ziegenfrischkäse
3 Eier, Größe M, zu Rührei verquirlt
200 g Räucherlachs, in Streifen geschnitten
Pfeffer und Muskatnuss

Den Backofen auf 185 Grad Umluft vorheizen.

Das Olivenöl, die Mozzarellawürfel und das Ei mit dem Pürierstab zu einer Creme pürieren und diese in eine Rührschüssel geben. Die trockenen Zutaten in einer kleinen Schüssel vermischen und dann esslöffelweise in die Mozzarellacreme rühren, bis am Ende ein schöner Teig entsteht.

Den Teig 10 Minuten ruhen lassen und dann in der Quicheform oder einer Springform verteilen. Auch den Rand einige Zentimeter hoch formen. Auf den Boden der Form Backpapier legen, dann löst sich die Quiche hinterher besser. Den Boden für 15 Minuten blind (also ohne Füllung) vorbacken.

Die Schalottenwürfel in Olivenöl glasig dünsten und den Spinat unterrühren. Den Topf vom Herd nehmen. Den Ziegenfrischkäse unterrühren und die Masse etwas Wärme verlieren lassen. Nun die Eier untermischen und den Räucherlachs hinzufügen. Mit Pfeffer und Muskatnuss würzen. Weiteres Salz ist nicht notwendig, denn der Räucherlachs bringt meist schon genug Salz mit.

Wenn der vorgebackene Teig so weit ist, diesen aus dem Ofen holen und die Spinat-Lachs-Mischung darauf verteilen. Zurück in den Ofen damit für weitere 30 Minuten.

Nährwerte pro Portion:
Kalorien: 545, Fett: 43,5 g, Kohlenhydrate: 4,4 g, Eiweiß: 32,4 g

Happy-Carb-Brötchen

Mein allererstes Brötchenrezept auf dem Blog …

6 Brötchen

250 g Magerquark
100 g Haferkleie
50 g Mandelmehl, nicht entölt
2 Eier, Größe M
25 g Chia-Samen
30 g Kürbiskerne
1/2 TL Erythrit
1 TL Backpulver
1 TL Salz

Den Backofen auf 180 Grad Umluft vorheizen.

Alle Zutaten in eine Rührschüssel geben und mit einem Handrührgerät oder einer Küchenmaschine mischen. Den Teig einige Minuten stehen lassen, dann quillt die Haferkleie und der Teig wird etwas kompakter.

Ein Backblech mit Backpapier auslegen. Die Hände mit Wasser benetzen und 6 Brötchen formen. Diese auf dem Blech verteilen und für 30 Minuten backen. Die Brötchen im Kühlschrank aufbewahren und vor dem Verzehr von beiden Seiten toasten.

Nährwerte pro Brötchen:
Kalorien: 211, Fett: 11,2 g, Kohlenhydrate: 11,8 g, Eiweiß: 13,9 g

Zwiebelkuchen

Der leckere Herbstklassiker.
Jedes Jahr wieder gut…

8 Stücke, 4 Portionen

Für den Boden:
80 g Mandelmehl, nicht entölt
95 g Haferkleie
1 TL Salz
1/2 TL Backpulver
200 g Magerquark
1 Ei, Größe M
30 g weiche Butter

Für die Füllung:
900 g Zwiebeln geschält, in Ringe geschnitten und
in 25 ml Olivenöl portionsweise jeweils 15–20 Minuten weich braten
125 g Schinkenspeck, gewürfelt
200 g Schmand, 20 % Fett
2 Eier, Größe M, verquirlt und mit Salz, Pfeffer und Cayenne kräftig gewürzt
1 TL ganzer Kümmel

Den Backofen auf 180 Grad Umluft vorheizen.

Die Zutaten für den Teig mit einem Rührgerät oder einer Küchenmaschine vermischen und 10 Minuten stehen lassen. Die Haferkleie quillt noch etwas aus und der Teig bekommt dabei eine gute Konsistenz. Die weich gebratenen Zwiebelringe in einer Schüssel lauwarm abkühlen lassen. Die Schinkenwürfel, den Schmand und die Eier unterrühren. Alles kräftig abschmecken und würzen. Den Kümmel dazugeben. Eine Quicheform oder Springform (25–26 cm Durchmesser) fetten und den vorbereiteten Teig dünn auf dem Boden und am Rand mehrere Zentimeter hoch verteilen. Dann für 15 Minuten in den Ofen zum Vorbacken. Anschließend die Backform aus dem Ofen holen und die Zwiebelfüllung hineingeben. Zurück in den Ofen für weitere 30 Minuten. Vorsichtig aus der Form lösen und genießen.

Nährwerte pro Stück:
Kalorien: 319, Fett: 21,8 g, Kohlenhydrate: 14,9 g, Eiweiß: 14,7 g

Tortilla Fiesta Mexicana

3 Portionen

Für die Tortillas:
3 Eier, Größe M
150 g Quark, 20 % Fett
50 g Gouda, mittelalt, gerieben
30 g Kichererbsenmehl
1 Prise Erythrit
1/2 TL Salz

Den Backofen auf 175 Grad Umluft vorheizen.

Die Zutaten für den Boden gut verrühren. Die Masse auf zwei mit Backpapier ausgelegte Backbleche kreisförmig verteilen und für 15 Minuten backen. Auf jedes Blech je 3 Tortillas formen.

Die scharfe Hackfleischsauce:
15 ml Olivenöl, nativ extra
50 g rote Zwiebeln, gewürfelt
300 g mageres Rinderhackfleisch
2 Zehen Knoblauch, fein gehackt
50 g Tomatenmark, einfach konzentriert
3 EL Wasser
30 g Frischkäse
½ TL Rosenpaprika
½ TL Kreuzkümmel
1/2 scharfe Habanerochili, gehackt (alternativ andere Chili oder getrocknete Chiliflocken)
Salz und Pfeffer

Eine Pfanne erhitzen und das Olivenöl mit den Zwiebeln hineingeben. Glasig dünsten und dann das Hackfleisch hinzufügen und krümelig braten. Knoblauch und Tomatenmark untermischen und mit dem Wasser zu einer Sauce verrühren. Dann noch den Frischkäse und die Gewürze und die Chilischote hinzufügen und alles kräftig mit Salz und Pfeffer abschmecken.

Für die Guacamole:
150 g Avocado, das Fruchtfleisch mit einer Gabel zermatscht
1/2 Chilischote, fein gehackt
1 Zehe Knoblauch, gepresst
1 EL Limettensaft
etwas Petersilie, gehackt
Salz und Pfeffer

Die Zutaten für die Guacamole mischen und mit Salz und Pfeffer abschmecken.

Zusätzlich werden gebraucht:
100 g Eisbergsalat, in schmale Streifen geschnitten
150 g Kirschtomaten, in Würfel geschnitten

Die frisch gebackenen Tortillas werden mit Eisbergsalatstreifen und den klein geschnittenen Kirschtomaten belegt. Darauf die Hackfleischsauce und die Guacamole verteilen.

Nährwerte pro Portion:
Kalorien: 605, Fett: 42,0 g, Kohlenhydrate: 13,2 g, Eiweiß: 42,8 g

Low-Carb-Knäckebrot

10 Scheiben

75 g Kürbiskerne, ohne Fett in der Pfanne geröstet
50 g Sesam
50 g geschrotete Goldleinsamen
50 g Chia-Samen
25 g Flohsamenschalen
1 TL Salz
1 TL Brotgewürz
200 ml warmes Wasser

Den Backofen auf 135 Grad Umluft vorheizen.

Alle trockenen Zutaten in einer Schüssel mischen. Das Wasser unterrühren. Die Masse etwa 4 mm dick auf ein mit Backpapier belegtes Backblech geben.

Für 60 Minuten backen. Dann rausholen und warm mit dem Pizzaschneider in rechteckige Stücke schneiden und die Schnitten drehen. Zurück in den Ofen damit für weitere 15 Minuten. Nun den Ofen ausschalten und das Knäckebrot in der Restwärme weitere 15 Minuten verweilen lassen.

Ich öffne während der 60 Minuten Backzeit alle 15 Minuten kurz die Backofentür, damit Feuchtigkeit aus dem Ofen entweichen kann.

Nährwerte pro Scheibe:
Kalorien: 121, Fett: 9,7 g, Kohlenhydrate: 1,4 g, Eiweiß: 5,9 g

Was-a leckeres Knäckebröd …

Sportlerbrötchen

5 Brötchen

250 g Quark, 20 % Fett
2 Eier, Größe M
15 g Traubenkernmehl
35 g Eiweißpulver, Natural
65 g Haferkleie
25 g Kokosmehl
25 g Hanfsamen, geschält
25 g Chia-Samen
1 TL Backpulver
1 TL Salz
1 TL Schwarzkümmel, zum Bestreuen (optional)

Den Backofen auf 175 Grad Umluft vorheizen.

Alle Zutaten für den Teig auf einen Schlag in einer Schüssel mischen. Aus dem Teig 5 Brötchen formen und auf ein mit Backpapier ausgelegtes Backblech legen. Der Teig ist kompakt, ich habe die Brötchen einfach mit dem Teigspatel abgestochen und auf das Backblech gelegt. Wer mag, mit dem Schwarzkümmel bestreuen und für 25 Minuten backen.

Nährwerte pro Brötchen:
Kalorien: 230, Fett: 10,4 g, Kohlenhydrate: 10,8 g, Eiweiß: 30,0 g

Pizza Gyros mit buntem Krautsalat

1 Blech für 4 Personen

Für den Pizzaboden:
150 g griechischer Joghurth, 10% Fett
50 ml Wasser
3 Eier, Größe M
25 g Flohsamenschalen
40 g Eiweißpulver, Natural
45 g Kokosmehl
10 g Traubenkernmehl
1 TL Backpulver
1 TL heller Balsamicoessig
1 TL Salz

Pizza und Gyros! Beide Gerichte liebe ich heiß und innig …

Für das Gyros:
75 g Frischkäse
100 g Ketchup, zuckerfrei
1 TL rote Currypaste
150 g rote Zwiebeln, in Ringe geschnitten
150 g rote Paprika, in Streifen geschnitten
250 g Hähnchenbrust, in Geschnetzeltes geschnitten, mit
1 EL Gyrosgewürz,
2 EL Olivenöl, nativ extra, und
1 Knoblauchzehe, gepresst, für mehrere Stunden mariniert
100 g Fetakäse, gewürfelt

Für den Krautsalat:
750 g Spitzkohl, in dünne Streifen geschnitten
200 g Karotten, geraspelt
150 g rote Paprika, in dünne Streifen geschnitten
50 g rote Zwiebeln, fein gewürfelt
30 ml heller Balsamicoessig
45 ml Olivenöl, nativ extra
1 TL Erythrit
Salz und Pfeffer

Den Backofen auf 185 Grad Umluft vorheizen.

Alle Zutaten für den Teig auf einen Schlag in eine Rührschüssel geben und zu einem Teig verrühren. Den Teig einige Minuten quellen lassen und mit feuchten Fingern auf ein mit Backpapier vorbereitetes Blech geben. Möglichst dünn verteilen. Für 20 Minuten ohne Belag vorbacken lassen. Der Boden soll Farbe haben.

Den Frischkäse, das Ketchup und die Currypaste verrühren. Dann den Teigboden aus dem Ofen holen und die würzige Creme darauf verteilen. Mit den Zwiebelringen, den Paprikastreifen, dem Gyros und den Fetawürfeln bestreuen. Zurück in den Ofen für weitere 20 Minuten.

Für den Salat die Streifen vom Spitzkohl mit kochendem Wasser übergießen und dann abkühlen lassen. Gemeinsam mit den Karottenraspeln, den Zwiebelwürfeln und den Paprikastreifen mischen. Nun für das Dressing den hellen Balsamicoessig mit dem Olivenöl und dem Erythrit vermengen. Mit Salz und Pfeffer abschmecken. Das Dressing unter den Salat mischen und gekühlt mindestens 2 Stunden ziehen lassen.

Nährwerte pro Portion:
Kalorien: 658, Fett: 38,3 g, Kohlenhydrate: 26,0 g, Eiweiß: 44,3 g

Spinatpide

4 Pide für 2 Personen

Für die Teigfladen:
150 g griechischer Joghurt, 10 % Fett
2 Eier, Größe M
1 TL heller Balsamicoessig
10 g Flohsamenschalen
35 g Eiweißpulver, Natural
25 g Kokosmehl
1/2 TL Backpulver
1 TL Schwarzkümmel (optional)
1 TL Salz

Für den Belag:
85 g rote Zwiebeln, gehackt
2 Knoblauchzehen, gehackt
225 g TK-Spinat, jung, gehackt
75 g Ziegenfrischkäse
100 g Feta, gewürfelt
15 ml Olivenöl, nativ extra
Salz und Pfeffer

Den Backofen auf 175 Grad Umluft vorheizen.

Alle Zutaten für den Teig auf einen Schlag in eine Rührschüssel geben und zu einem Teig verrühren. Den Teig einige Minuten quellen lassen und mit feuchten Fingern auf ein mit Backpapier vorbereitetes Blech geben. Flache Fladen formen. Der Teig sollte zwischen 5–6 mm dick sein. Mit dem Schwarzkümmel bestreuen. Für 10–15 Minuten vorbacken.

Das Olivenöl in einem Topf auf mittlere Hitze erwärmen. Die Zwiebelwürfel mit dem Knoblauch glasig dünsten. Den Spinat hinzufügen und auftauen lassen. Dann den Ziegenfrischkäse unterrühren und mit Salz und Pfeffer würzen.

Nun die Teigfladen aus dem Ofen holen und die Spinatcreme darauf verteilen. Dabei die Umrandung aussparen. Als letztes noch mit den Fetawürfeln bestreuen und für weitere 10–15 Minuten zurück in den Ofen damit. Die Pide schmecken kalt besonders gut und eignen sich super für unterwegs.

Nährwerte pro Portion:
Kalorien: 570, Fett: 37,6 g, Kohlenhydrate: 10,9 g, Eiweiß: 41,2 g

Türkische Mini-Pizza mit Spinat und Feta …

Low-Carb-Butter-Toastbrot

1 kleines Kastenbrot von 20 cm Länge
ergibt ca. 16 Scheiben

250 ml Buttermilch
25 g geschmolzene Butter
3 Eier, Größe M
55 g Kokosmehl
25 g Flohsamenschalen
60 g Eiweißpulver, Natural
2 TL heller Balsamicoessig
1 TL Backpulver
1 TL Salz

Den Backofen auf 175 Grad Umluft vorheizen.

Alle Zutaten auf einen Schlag mit der Küchenmaschine oder dem Rührgerät verrühren und den Teig in eine mit Backpapier ausgekleidete kleine Kastenform geben. Für 45–50 Minuten in den Ofen.

Nährwerte pro Scheibe:
Kalorien: 58, Fett: 2,9 g, Kohlenhydrate: 1,4 g, Eiweiß: 5,6 g

Ein helles Toastbrot mit leckerer Butter drin …

Herzhafte Vesperstangen

5 Stangen

10 g Kokosöl
125 g Schinkenspeck, gewürfelt
100 g rote Zwiebeln, gewürfelt
250 g Magerquark
3 Eier, Größe M
75 g Haferkleie
50 g Eiweißpulver, Natural
25 g Walnussmehl, entölt
125 g Emmentaler, grob geraspelt
2 TL Backpulver
1 TL Guarkernmehl
1 TL Salz
1 TL Erythrit

Den Backofen auf 175 Grad Umluft vorheizen.

Die Zwiebelstückchen in einer Pfanne im Kokosöl kräftig braten. Etwas Farbe an den Zwiebeln gibt schöne Röstaromen. Wer mehr Röstaromen mag, lässt den Schinkenspeck ebenfalls in der Pfanne aus.

Alle anderen Zutaten in eine Rührschüssel geben (den Käse nur zu 2/3) und zu einem Teig verrühren.

Zum Schluss noch die weichen Zwiebeln und den Schinkenspeck hinzufügen und vorsichtig untermischen. Den Teig einige Minuten anziehen lassen.

In Form von »Stangen« auf ein mit Backpapier belegtes Blech geben und den restlichen Käse darüberstreuen. Für 30 Minuten in den Ofen.

Nährwerte pro Vesperstange:
Kalorien: 363, Fett: 18,1 g, Kohlenhydrate: 12,7 g, Eiweiß: 35,1 g

Haferkleie-Karotten-Brot

1 Kastenbrot von 30 cm Länge
ergibt etwa 24 Scheiben

500 g Schichtkäse, 10 % Fett
250 g Haferkleie
5 Eier, Größe M
45 g Chia-Samen
100 g Kürbiskerne
1 TL Erythrit
2 TL Backpulver
2 TL Salz
100 g Karotten, fein geraspelt

Den Backofen auf 180 Grad Umluft vorheizen.

Alle Zutaten in eine Rührschüssel geben und mit einem Handrührgerät oder einer Küchenmaschine mischen. Eine Kastenform mit Backpapier auslegen. Auf den Boden einige Kürbiskerne streuen und den Teig daraufgeben. Am Schluss auf den Teig auch noch einige Kerne geben und dann die befüllte Backform für 50–60 Minuten in den Ofen stellen.

Das Brot kann bei Bedarf ohne Probleme eingefroren werden. Ansonsten für eine bessere Haltbarkeit im Kühlschrank aufbewahren. Schmeckt frisch aufgetoastet klasse.

Nährwerte pro Scheibe:
Kalorien: 106, Fett: 4,7 g, Kohlenhydrate: 7,1 g, Eiweiß: 7,2 g

Mein Basisbrot. Low-Carb, aber nicht No-Carb …

Schinken-Käse-Schlemmerzungen

5 Schlemmerzungen

Für den Teig:
250 ml Buttermilch
3 Eier, Größe M
25 g Flohsamenschalen
40 g Eiweißpulver, Natural
40 g Kokosmehl
15 g Walnussmehl, entölt
1 TL Backpulver
1 TL Salz
1 TL Brotgewürz

Für den Belag:
100 g rote Zwiebeln, gewürfelt
150 g rote Paprika, gewürfelt
100 g gekochter Schinken, in Streifen geschnitten
100 g geriebener würziger Käse

Den Backofen auf 185 Grad Umluft vorheizen.

Alle Zutaten für den Teig in eine Rührschüssel geben und zu einem Teig verrühren.

Den Teig einige Minuten quellen lassen und mit feuchten Fingern in Form von 5 dünnen Fladen auf ein mit Backpapier vorbereitetes Blech geben. Das Gemüse, den Schinken und den Käse auf dem rohen Teig verteilen und für 30 Minuten backen. Da der Teig nicht vorgebacken wurde, bitte ruhig etwas krosser werden lassen.

Nährwerte pro Schlemmerzunge:
Kalorien: 261, Fett: 13,3 g, Kohlenhydrate: 7,8 g, Eiweiß: 23,3 g

Mein Favorit früher beim Bäcker auf dem Weg ins Büro …

Süßer Backzauber, Low-Carb und lecker zugleich

Hier kommen sie nun. Die süßen Highlights, die alle Kuchenliebhaber und Schleckermäuler glücklich stimmen. Sicher keine Basisernährung für jeden Tag, aber gelegentlich muss auch mal Low-Carb über die Stränge geschlagen werden. Das Leben ist zu kurz, um zu verzichten. Viel Spaß mit meinen 15 süßen Sünden, ganz ohne Zucker und Weizenmehl, aber das müssen Sie niemandem verraten. Das Lob an der Kaffeetafel ist Ihnen gewiss.

Low-Carb-Schokocroissants

8 Minicroissants

Für den Teig:
50 g Erythrit
60 g Mandelmehl, nicht entölt
30 g Kokosmehl
1 TL Backpulver
1 TL Guarkernmehl
50 g Butter
125 g Mozzarella, 45 % Fett, in kleine Würfel geschnitten
1 Ei, Größe L

Für die Füllung:
40 g Xylit-Schokodrops

Den Backofen auf 175 Grad Umluft vorheizen. Ein Backblech mit Backpapier vorbereiten.

Die trockenen Zutaten in einer Schüssel mischen.

Die Butter, den Mozzarella und das Ei in einen hohen schmalen Behälter geben und mit einem Pürierstab zu einem Brei pürieren. Die Masse in eine Rührschüssel geben und die trockene Mischung esslöffelweise unterrühren. Am Ende den Teig in etwas Frischhaltefolie hüllen und für 1–2 Stunden kühlen lassen.

Den Teig anschließend zwischen 2 Lagen Frischhaltefolie oder Backpapier quadratisch ausrollen. Der Teig soll nur noch 5–8 mm dick sein. Dann den Teig in 8 Dreiecke schneiden und auf jedes Ende einen Teil der Xylit-Schokodrops legen. Vorsichtig vom breiten Ende her aufrollen. Die Croissants dann auf ein Blech mit Backpapier legen und für 20 Minuten goldbraun backen.

Nährwerte pro Croissant:
Kalorien: 183, Fett: 15,6 g, Kohlenhydrate: 1,7 g, Eiweiß: 6,4 g

Die kleinen Schokocroissants sind eine Sünde wert …

Low-Carb-Apfelkuchen

1 kleine Springform von 18 cm Durchmesser
ergibt 8 Stücke

Seelenfutter für einen schmuddeligen Herbsttag ...

65 g Erythrit
3 TL Stevia-Streupulver mit Erythrit
1/4 TL Bourbonvanille, gemahlen
25 g Mandelmehl, entölt
100 g Mandelmehl, nicht entölt
1 TL Backpulver
1 TL Guarkernmehl
150 g säuerlicher Apfel, geschält und ohne Kerngehäuse, in 8 Spalten geschnitten
75 g weiche Butter
3 Eier, Größe M
25 g Mandelblättchen

Den Backofen auf 175 Grad Umluft vorheizen.

Die trockenen Zutaten in einer Schüssel abwiegen und gut mischen. Alle nassen Zutaten in einer Rührschüssel mit einem Handrührgerät oder einer Küchenmaschine vermengen. Esslöffelweise die trockene Mischung unterrühren.

Die Springform fetten, den Boden mit Backpapier bedecken und dann den Teig hineingeben. Die Äpfel gleichmäßig verteilt leicht in den Teig drücken. Die Mandelblättchen darüberstreuen.

Für 45 Minuten in den Backofen. Wenn der Apfelkuchen zu dunkel wird, nach 30 Minuten mit etwas Alufolie schützen.

Nährwerte pro Stück:
Kalorien: 218, Fett: 18,6 g, Kohlenhydrate: 3,6 g, Eiweiß: 7,0 g

Mascarponemarmorkuchen

Da werden Kindheitserinnerungen wach ...

1 Röhrenform von 18 cm Durchmesser
ergibt 12 kleine Stücke

30 g Kokosmehl
40 g Mandelmehl, entölt
50 g Mandelmehl, nicht entölt
1 TL Backpulver
1/2 TL Guarkernmehl
150 g Mascarpone
2 Eier, Größe L
1 EL Rum
75 g Erythrit
3 TL Stevia-Streupulver mit Erythrit

Zusätzlich für den dunklen Teig:
25 g Kakaopulver
1/2 TL Stevia-Streupulver mit Erythrit
ca. 50 ml Milch
Butter, zum Fetten der Form

Den Backofen auf 175 Grad Umluft vorheizen.

Die trockenen Zutaten für den Teig abwiegen und mischen. Die Mascarponecreme mit den Eiern und dem Rum verrühren. Anschließend die Süßmittel zufügen. Schön cremig rühren, bis sich der Mascarpone gut verbunden hat. Dann esslöffelweise die trockenen Zutaten zufügen, und wenn der Teig dicker wird, die Hälfte der Milch hinzufügen. Alles zu einem schönen Teig verarbeiten. Den Teig zu 2/3 in die gebutterte Form füllen. Zum restlichen Teig das Kakaopulver, die Stevia-Streusüße und die restliche Milch geben. Alles gemeinsam zu einem schokoladigen Teig verrühren. Den Teig auf den hellen Teig in der Form geben und mit einer Gabel spiralförmig vorsichtig swirlen. Den Kuchen für etwa 40–45 Minuten im Ofen backen.

Nährwerte pro Stück:
Kalorien: 123, Fett: 9,3 g, Kohlenhydrate: 1,5 g, Eiweiß: 5,3 g

Schokosahnetorte

Eine Schokosahnetorte gehört meiner Meinung nach zu den Grundnahrungsmitteln. Keine Diskussion ...

8 Stücke

Für den Schokoladenboden:
25 g Kokosmehl
25 g Mandelmehl, entölt
35 g Eiweißpulver, Schokolade
15 g Kakaopulver
1 TL Backpulver
50 g Butter, geschmolzen
2 Eier, Größe M
100 ml Milch
50 g Erythrit
2 TL Stevia-Streupulver mit Erythrit

Den Backofen auf 175 Grad Umluft vorheizen.

Die trockenen Zutaten in einer Schüssel abwiegen und gut mischen. Alle nassen Zutaten mit den Süßmitteln in einer Rührschüssel mit einem Handrührgerät oder einer Küchenmaschine vermengen.

Esslöffelweise die trockene Mischung unterrühren. Den Teig wie einen kleinen runden Kuchen (18 cm Form) für 40 Minuten backen und abgekühlt einmal in der Mitte durchschneiden.

Für die Schokosahne:
15 g Kakaofasern (alternativ 10 g mehr Kakaopulver)
10 g Kakaopulver
15 g Eiweißpulver, Schokolade
35 g Puder-Erythrit
275 ml Sahne
1 TL Rum

Die Kakaofasern mit dem Kakaopulver, dem Eiweißpulver und dem Puder-Erythrit mischen. Die Sahne schlagen, bis sie cremig ist und nach und nach die trockene Mischung und den Rum unterschlagen. Wenn die Creme nicht stabil genug ist, noch etwas Eiweißpulver oder Guarkernmehl hinzufügen.

Die Schokoladencreme zwischen die Teigböden geben und dann den Kuchen mit der Sahnecreme bestreichen. Dekorieren nach eigenem Gusto und entsprechend der handwerklichen Fähigkeiten.

Nährwerte pro Stück:
Kalorien: 266, Fett: 20,0 g, Kohlenhydrate: 3,6 g, Eiweiß: 14,2 g

New York Cheesecake

Low-Carb-Käsekuchen nach amerikanischer Art …

1 kleine Springform von 18 cm Durchmesser, ergibt 8 Stücke

Für den Boden:
60 g weiche Butter
1 Ei, Größe M
25 g Erythrit
2 TL Stevia-Streupulver mit Erythrit
50 g Mandelmehl, entölt
25 g Mandelmehl, nicht entölt
25 g Eiweißpulver, Vanille
1 TL Backpulver

Für die Käsecreme:
300 g Frischkäse, vollfett
25 g Eiweißpulver, Vanille
40 g Erythrit
2 TL Stevia-Streupulver mit Erythrit
2 Eier, Größe M
etwas echte Bourbonvanille
1/2 TL Abrieb von einer Bio-Zitronen

Den Backofen auf 175 Grad Umluft vorheizen. Die weiche Butter mit dem Ei, dem Erythrit und dem Stevia-Streupulver verrühren. Die gemischten trockenen Bestandteile esslöffelweise unterrühren. Den festen Teig in etwas Klarsichtfolie für 1 Stunde in den Kühlschrank legen. Für die Käsecreme alle Bestandteile mischen und cremig rühren. Die Backform mit etwas Butter fetten und den Boden mit Backpapier auslegen. Einen Teil des Teiges mit den Fingern auf dem Boden verteilen und mit der Unterseite eines Glases glätten. Dann den restlichen Teil zu einer schmalen Rolle formen und als 3–4 cm hohen Rand festdrücken. Als letztes die süße Käsecreme in die Kuchenform gießen. Die Form mit Alufolie bedecken und für 50 Minuten in den Backofen geben. Nach der Zeit die Folie entfernen und nochmal für 10 Minuten leicht bräunen lassen.

Nährwerte pro Stück:
Kalorien: 252, Fett: 20,4 g, Kohlenhydrate: 2,2 g, Eiweiß: 13,3 g

Rosinenstuten

1 kleine Kastenform von 20 cm Länge
ergibt etwa 12 Scheiben

Das beliebte, leicht süße Frühstücksbrot darf nicht fehlen ...

50 g Mandelmehl, entölt
50 g Kokosmehl
25 g Eiweißpulver, Vanille
25 g Eiweißpulver, Natural
2 TL Backpulver
250 ml Sahne
3 Eier, Größe M
75 ml Milch
3 EL Erythrit
2 TL Stevia-Streupulver mit Erythrit
1 Prise Salz
50 g Rosinen

Den Backofen auf 180 Grad Umluft vorheizen.

Die trockenen Zutaten in einer Schüssel abwiegen und mischen.

Alle nassen Zutaten mit den Süßmitteln und dem Salz in einer Rührschüssel mit einem Handrührgerät oder einer Küchenmaschine vermengen. Esslöffelweise die trockene Mischung unterrühren. Zum Schluss die Rosinen unterheben. Eine kleine Kastenform mit Backpapier auskleiden und den Teig hineingeben.

Für 50 Minuten in den Backofen. Wenn der Kuchen zu dunkel wird, dann nach 30 Minuten mit etwas Alufolie schützen.

Wer keine Rosinen mag, nimmt Xylit-Schokodrops und hat einen Schokoladenstuten.

Nährwerte pro Scheibe:
Kalorien: 138, Fett: 8,7 g, Kohlenhydrate: 4,7 g, Eiweiß: 8,5 g

Zimtschnecken

15 Zimtschnecken

Nach dem Aufenthalt in Schweden schrie alles in mir nach Zimtschnecken …

Für den Teig:
50 g Mandelmehl, entölt
50 g Eiweißpulver, Vanille
25 g Kokosmehl
1 TL Backpulver
1 TL Guarkernmehl
100 ml warme Milch
7 g Trockenhefe
5 g Kokosblütenzucker (alternativ Haushaltszucker)
125 g Mozzarella, 45 % Fett, in kleine Würfel geschnitten
50 g Butter
1 Ei, Größe L
50 g Erythrit
1 TL Stevia-Streupulver mit Erythrit

Für die zimtige Füllung:
50 g Butter, weich
15 g Erythrit
10 g Kokosblütenzucker (alternativ mehr Erythrit)
5 g Zimt, gemahlen

Für den Guss:
1 EL Wasser
1 EL Zitronensaft
50 g Puder-Erythrit

Den Backofen auf 175 Grad Umluft vorheizen. Ein Backblech mit Backpapier vorbereiten.

Die trockenen Zutaten in einer Schüssel vermischen.

In die warme Milch die Trockenhefe und den Kokosblütenzucker geben und für 10 Minuten stehen lassen. Der Zucker bringt die Hefe zum Entwickeln, was den Hefegeschmack ins Gebäck bringt.

Den Mozzarella, die Butter und das Ei gemeinsam mit dem Pürierstab pürieren. In diese Masse dann esslöffelweise die trockenen Zutaten unterrühren. Zwischendurch die Hefemilch unterrühren und alles zu einem Teig mischen. Den Teig etwa 15 Minuten ruhen lassen.

Anschließend den Teig rechteckig ausrollen. Am besten Backpapier zur Unterstützung einsetzen. Wenn der Teig etwa 8–10 mm dick ist, die süße Butter-Zimt-Mischung auf dem Teig verteilen. Anschließend vorsichtig mithilfe des Untergrundes den Teig aufrollen. Die Teigrolle mit einem Messer in 2 cm dicke Scheiben schneiden und als Schnecke auf das Backblech legen. Für 15–20 Minuten goldbraun backen. Danach abkühlen lassen.

In einem Topf das Wasser und den Zitronensaft gemeinsam mit dem Puder-Erythrit erhitzen. Kurz aufkochen lassen und den entstehenden Zuckerguss mit einem (Silikon-)Pinsel auf die Schnecken streichen oder mit einem Löffel grob verteilen.

Nährwerte pro Schnecke:
Kalorien: 112, Fett: 8,1 g, Kohlenhydrate: 1,9 g, Eiweiß: 6,8 g

Mohrenkopfkuchen

Schmeckt nicht nur auf einem Kindergeburtstag …

1 Obstbodenform von etwa 20 cm Durchmesser, ergibt 8 Stücke

Für den Boden:
20 g Eiweißpulver, Vanille
25 g Mandelmehl, entölt
15 g Kokosmehl
1/2 TL Backpulver
30 g Butter, geschmolzen
1 Ei, Größe M
25 g Erythrit
1 TL Stevia-Streupulver mit Erythrit
100 ml Sahne

Für die Mohrenkopfcreme:
50 g Puder-Erythrit
25 g Eiweißpulver, Vanille
2 Eiweiß, Größe M, steif geschlagen
50 g gehackte Xylit-Bitterschokolade
250 g Quark, 40 % Fett

Den Backofen auf 175 Grad Umluft vorheizen.

Die trockenen Zutaten für den Teig mischen. Die Butter mit dem Ei verschlagen und dann die Süßmittel unterrühren. Die trockenen Zutaten untermischen und nach und nach die 100 ml Sahne hinzufügen. Den Teig in die gefettete Form geben. Ich habe die Mitte kreisrund mit Backpapier ausgelegt. Für 25 Minuten backen. Dann den Obstboden aus der Form lösen und abkühlen lassen. Das Puder-Erythrit mit dem Eiweißpulver mischen und mit in den steifen Eischnee schlagen. Am Schluss dann noch vorsichtig die gehackte Bitterschokolade unterheben. Die Mohrenkopfcreme vorsichtig unter den Quark heben und auf dem Obstboden verteilen. Gut kühlen lassen und dann anschneiden.

Nährwerte pro Stück:
Kalorien: 196, Fett: 14,4 g, Kohlenhydrate: 2,8 g, Eiweiß: 11,6 g

Müsliriegel

8 Riegel

100 g Haferkleie
50 g Eiweißpulver, Vanille
50 g Erythrit
50 g Kokosraspel
50 g gehackte Haselnüsse
200 ml Kokosmilch
50 g Haselnussmus
50 g Xylit-Schokodrops

Ein Müsliriegel, der mal eben eine Mahlzeit ersetzen kann …

Den Backofen auf 120 Grad Umluft vorheizen.

Alle Zutaten zu einem festen Teig vermischen und in eine eckige Form streichen, die mit Backpapier ausgelegt ist. Der Teig sollte etwa 2–3 cm hoch sein. Die Form für 45 Minuten in den Ofen stellen. Dann die Schokodrops auf dem Boden verteilen und erneut für 15 Minuten in den Ofen.

Lauwarm die Low-Carb-Müsliriegel in Schnittchen schneiden und auskühlen lassen.

Nährwerte pro Riegel:
Kalorien: 276, Fett: 20,8 g,
Kohlenhydrate: 10,0 g, Eiweiß: 9,8 g

Erdbeerbödchen

1 Obstbodenform von etwa 20 cm Durchmesser
ergibt 8 Stücke

Das Erdbeerbödchen ist ein MUSS während der Erdbeerzeit ...

Für den Boden:
20 g Eiweißpulver, Vanille
25 g Mandelmehl, entölt
15 g Kokosmehl
1/2 TL Backpulver
30 g Butter, geschmolzen
1 Ei, Größe M
25 g Erythrit
1 TL Stevia-Streupulver mit Erythrit
100 ml Sahne

Für den Belag:
350 g Erdbeeren, das Grün entfernt
1 Beutel gemahlene Gelatine (9 g)
3 EL Wasser
150 ml Wasser
20 ml zuckerfreier Himbeersirup (z. B. für den Wassersprudler)
100 ml Sahne, zum Schlagen

Den Backofen auf 175 Grad Umluft vorheizen.

Die trockenen Zutaten für den Teig mischen. Die Butter mit dem Ei verschlagen und dann die Süßmittel unterrühren. Die trockenen Zutaten untermischen und nach und nach die 100 ml Sahne hinzufügen.

Den Teig in die gefettete Form geben. Ich habe die Mitte kreisrund mit Backpapier ausgelegt. Für 25 Minuten backen. Dann den Obstboden aus der Form lösen und abkühlen lassen.

Die Erdbeeren putzen und auf dem Obstboden verteilen.

Die Gelatine in 3 EL Wasser für einige Minuten unter gelegentlichem Rühren quellen lassen. 150 ml Wasser und den zuckerfreien Himbeersirup gemeinsam erwärmen und die Gelatine hinzufügen. Gut rühren, bis sich alles aufgelöst hat. Den Kuchenguss leicht abkühlen lassen, bis er anfängt dicker zu werden. Dann zügig auf den Erdbeeren verteilen und im Kühlschrank kühlen.

Die restliche Sahne zu Schlagsahne verarbeiten und mit dem Kuchen servieren.

Nährwerte pro Stück:
Kalorien: 155, Fett: 12,1 g, Kohlenhydrate: 3,7 g, Eiweiß: 6,5 g

Schmandküchlein mit Beeren

6 Stück aus der (Silkon-)Muffinform

Schnelle Schmandküchlein mit einer Handvoll Beeren ...

250 g Schmand, 20 % Fett
1 Ei, Größe L
25 g Kokosmehl
35 g Eiweißpulver, Vanille
30 g Puder-Erythrit
1/2 TL Backpulver
etwas gemahlene Bourbonvanille
18 Himbeeren und 24 Heidelbeeren

Den Backofen auf 175 Grad Umluft vorheizen.

Alle Zutaten – außer den Früchten – auf einen Schlag in eine Rührschüssel geben und verrühren. Die cremige Masse auf 6 Portionen in einer (Silikon-)Muffinform verteilen. Bei Bedarf die Förmchen vorher fetten. Die Früchte locker auf den Teig streuen. 25 Minuten backen und abkühlen lassen.

Nährwerte pro Küchlein:
Kalorien: 144, Fett: 10,1 g,
Kohlenhydrate: 3,5 g, Eiweiß: 8,1 g

Macadamia-Kirsch-Streuselkuchen

Für Streuselkuchen kann ich mich immer begeistern ...

Springform 18 cm Durchmesser
ergibt 8 Stück

150 g TK-Sauerkirschen, ungezuckert
1 TL Erythrit
75 g Butter, weich
2 Eier, Größe M
50 g Erythrit
1 TL Stevia-Streupulver mit Erythrit
1 Prise Salz
50 g Eiweißpulver, Vanille
25 g Kokosmehl
75 g Macadamiamehl, teilentölt
1 TL Backpulver

Den Backofen auf 175 Grad Umluft vorheizen.

Die gefrorenen Sauerkirschen mit dem Erythrit mischen.

Die Butter mit den Eiern aufschlagen und die Süßmittel und das Salz unterrühren. Die Mehle bzw. Pulver mischen und esslöffelweise unterrühren.

Die Backform mit Backpapier auskleiden und den Rand mit Butter fetten. 2/3 des Teiges in die Form als Boden und als 2–3 cm hohen Rand formen. Die gesüßten gefrorenen Kirschen auf den Boden füllen und den restlichen Teig zerrupft darüber verteilen.

Für 45 Minuten in den Ofen stellen. Nach 20–25 Minuten mit Alufolie abdecken, damit der Kuchen nicht zu dunkel wird.

Nährwerte pro Stück:
Kalorien: 173, Fett: 12,4 g, Kohlenhydrate: 3,2 g, Eiweiß: 10,2 g

Autoreifenkekse

15 Stück

Für den Teig:
35 g Kokosöl, geschmolzen, lauwarm
50 g Butter, geschmolzen, lauwarm
2 Eier, Größe M + 1 Eigelb
75 g Erythrit
3 TL Stevia-Streupulver mit Erythrit
1 Prise Salz
50 g Eiweißpulver, Schokolade
50 g Mandelmehl, nicht entölt
25 g Kokosmehl
25 g Kakaopulver
1 TL Backpulver
1/2 TL Guarkernmehl

Die Verwandtschaft zu dem beliebten Keks mit dem O und dem o, lässt sich nicht verleugnen ...

Für die Füllung:
125 g Mascarpone
25 g Mandelmus
25 g Butter
30 g Eiweißpulver, Vanille
40 g Puder-Erythrit

Den Backofen auf 175 Grad Umluft vorheizen.

Ein Backblech mit Backpapier auslegen.

Das Kokosöl und die Butter mit den Eiern und dem Eigelb aufschlagen und die Süßmittel und das Salz unterrühren. Die Mehle bzw. Pulver mischen und esslöffelweise unterrühren. Den Teig in eine dicke Rolle mit 5–6 cm Durchmesser formen und diese in Frischhaltefolie gepackt für mindestens 2–3 Stunden im Kühlschrank liegen lassen.

Danach die Rolle mit einem Faden in 5 mm dicke Scheiben schneiden und aufs Blech legen. Die Kekse 9–11 Minuten backen und auskühlen lassen. Die Zutaten für die Creme anrühren und auf die Hälfte der Kekse streichen. Die andere Hälfte darauflegen und andrücken. Die Autoreifenkekse im Kühlschrank aufbewahren.

Nährwerte pro Doppelkeks:
Kalorien: 168, Fett: 14,4 g, Kohlenhydrate: 1,2 g, Eiweiß: 7,5 g

Nussecken

Guildo Horn würde sicher auch diese Low-Carb-Nussecken lieben …

1 quadratische Backform von 23 x 23 cm
ergibt 8 Nussecken

Für den Teig:
75 g weiche Butter
2 Eier M
50 g Erythrit
2 TL Stevia-Streupulver mit Erythrit
1 Prise Salz
25 g Eiweißpulver, Haselnuss
25 g Eiweißpulver, Vanille
50 g Mandelmehl, nicht entölt
30 g Mandelmehl, entölt
1 TL Backpulver

Für den fruchtigen Aufstrich:
75 g TK- oder frisches Obst nach Wahl (z. B. Mango oder Aprikosen)
1 TL Rosenwasser
2 EL Vanillesirup, zuckerfrei

Für den Haselnussbelag:
100 g gemahlene Haselnüsse
100 g gehackte Haselnüsse
50 g geschmolzene Butter
40 g Puder-Erythrit
1 EL Vanillesirup, zuckerfrei

Für das Schokoladetopping:
50 g Xylit-Schokodrops
5 g Kokosöl

Den Backofen auf 175 Grad Umluft vorheizen.

Das gefrorene oder frische Obst erwärmen und das Rosenwasser und den Vanillesirup dazugeben. Dann fein pürieren.

Die gemahlenen und gehackten Haselnüsse mit der Butter, dem Puder-Erythrit und dem Vanillesirup mischen.

Für den Boden die Butter mit den Eiern verrühren und die Süßmittel zugeben. Alles schön schaumig rühren. Dann die trockenen Zutaten mischen und esslöffelweise unterheben.

Den Boden der Backform mit Backpapier auslegen. Den Teig auf dem Boden ausstreichen und darauf dünn die Fruchtsauce geben. Darüber dann die Haselnussmischung verteilen und für 30 Minuten in den Ofen stellen.

Nach dem Backen noch warm in Dreiecke schneiden und abkühlen lassen. Die Schokolade mit dem Kokosöl schmelzen lassen und mit einem Löffel über den Nussecken auf einem Backblech mit Backpapier verteilen.

Nährwerte pro Nussecke:
Kalorien: 424, Fett: 37,1 g, Kohlenhydrate: 6,2 g, Eiweiß: 13,2 g

Eugeniustorte

1 Springform von 18 cm Durchmesser
ergibt 8 Stück

Den Kuchen mochte ich in der High-Carb-Variante total gerne …

Für den Teig:
25 g Mandelmehl, entölt
25 g Kokosmehl
25 g Eiweißpulver, Schokolade
125 g gemahlene Haselnüsse
1 TL Backpulver
75 g weiche Butter
3 Eier, Größe M
65 g Erythrit
3 TL Stevia-Streupulver mit Erythrit
1 Prise Salz
1 EL Rum oder einige Tropfen Rumaroma
100 ml Milch
75 g Xylit-Schokodrops

Für die Sahnefüllung:
250 ml Sahne
25 g Puder-Erythrit
25 g Kakaopulver

Den Backofen auf 175 Umluft Grad vorheizen.

Die trockenen Zutaten für den Teig in einer Schüssel abwiegen und mischen. Butter und Eier mit den Süßmitteln, dem Salz und dem Rum in einer Rührschüssel mit einem Handrührgerät oder einer Küchenmaschine vermengen. Esslöffelweise die trockene Mischung unterrühren und die Milch nach und nach zugeben. Zum Schluss noch die Schokodrops unterheben.

Eine kleine Springform fetten und den Boden mit Backpapier bedecken. Den Teig in die Form geben und für etwa 50 Minuten im Backofen backen. Wenn der Kuchen zu dunkel wird, dann nach ca. 30 Minuten mit etwas Alufolie schützen.

Den Kuchen abkühlen lassen. Die Sahne steif schlagen und das Puder-Erythrit untermischen. Den Kuchen trichterförmig zur Hälfte aushöhlen. Der Rand bleibt stehen, zur Mitte hin wird mehr Kuchen weggeschnitten. Den entfernten Kuchen fein mit dem Messer zerkrümeln und unter die Sahne heben. Die komplette Masse nun auf den Kuchen geben und den Krater so wieder schließen. Mit Kakaopulver bestäuben.

Nährwerte pro Stück:
Kalorien: 406, Fett: 35,5 g, Kohlenhydrate: 5,6 g, Eiweiß: 11,4 g

Danksagung

Ach herrjeh, wer hat an den Buchseiten gedreht, ist das Buch wirklich schon am Ende? Viel Arbeit und Liebe stecken drin, und ich bin wirklich stolz auf das, was da entstanden ist. Aber alleine wäre das Projekt Kochbuch mit 150 Rezepten nicht zu stemmen gewesen, und es wird Zeit, Danke zu sagen.

Mein Dank geht an meinen Mann Carsten, der beim Verkosten der vielen Rezepte immer zur Verfügung stand und mit Lob und konstruktiver Kritik nicht gespart hat. Die dabei angefutterten drei Kilo bekommen wir wieder weg. Aber schön, dass ich auch Dich Happy-Carb-infizieren konnte. Und wie bereits hundertmal in der Happy-Carb-Küche mit Dir fabuliert, bin ich froh, dass wir keinen Häkelblog haben, sondern einen Blog mit leckeren und gesunden Schmausereien. Übrigens, auch als Korrekturleser und Fehlerfinder hast Du einen tollen Job gemacht. Und wenn ich mal wieder in einer allürenhaften kreativen Schreib- und Kochblockade steckte, warst Du der allerbeste Motivationsflummi.

Lieben Dank an meine Leser/innen, die mich bei der Auswahl der Rezepte für das Buch unterstützt haben. Eure Wunschliste war noch länger, aber der mögliche Inhalt des Buches doch leider begrenzt. Aber was diesmal nicht geklappt hat, findet vielleicht im nächsten Buch sein Plätzchen. Danke für Eure Treue, denn viele begleiten mich schon seit über zwei Jahren und sind mir richtige Freunde geworden. Besonders danken möchte ich der lieben Susanne, die als Testbäckerin einige, bisher nicht auf dem Blog veröffentlichte, Rezepte auf Herz und Nieren geprüft hat.

Natürlich ist das Buch nur so schön geworden, weil beim systemed Verlag in Lünen eine Truppe toller Damen sitzen, die alle zaubern können und aus meinen Gebrabbel ein echtes Buch entstehen lassen. Danke. Danke. Danke. Der Chefin der Mannschaft, Sabine Schmieder, danke ich ebenfalls für das Vertrauen in Happy Carb und auch den Mut, alles so zu lassen wie es ist. Authentisch, bunt und einfach etwas anders.

Als letztes noch Danke an meine Lieblingsgrafikerin Simone Ruths. Es ist eine Freude, Ideen mit Dir zu entwickeln und so zu sehen, wie ein wunderbares und buntes Buch entsteht. Hat irrsinnig Spaß gemacht.

Dankeschön.

Notizen

www.happycarb.de

Register

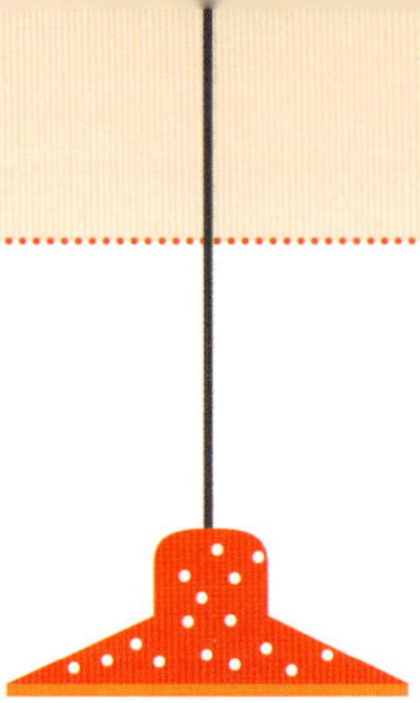

Frühstücksideen, mit denen der Tag gut beginnt

Alles aus einem Topf: Suppen und Eintöpfe für Leib und Seele

Fleischige Genüsse: Dazu viel gesundes Gemüse

Aus Fluss und Meer auf den Tisch

Veggiecarberei: Reichlich Rezeptideen, ganz ohne Fleisch

Salate bringen Farbe auf den Teller

Süße Sünden und pikante Knabbereien

Herzhafte Backträume, die Lust auf mehr machen

Süßer Backzauber, Low-Carb und lecker zugleich

www.systemed.de

systemed Küchenratgeber

Low-Carb – Low-Budget.
Kohlenhydratbilanzierte Küche für den kleinen Geldbeutel.
Wolfgang Link | Dr. med. Jürgen Voll
978-3-942772-65-5 8,99 €

Low-Carb unterwegs.
40 Rezepte für die Reise und zum Mitnehmen.
Franca Mangiameli | Heike Lemberger
978-3-942772-66-2 8,99 €

Low-Carb vegan.
40 Rezepte ohne tierische Lebensmittel.
Franca Mangiameli | Heike Lemberger
978-3-942772-68-6 8,99 €

Low-Carb in 15 Minuten.
40 »leichte« Schnellrezepte zum Genießen.
Wolfgang Link
978-3-942772-75-4 8,99 €

Low-Carb-Powerwoche.
In 7 Tagen Vitalität gewinnen und Gewicht verlieren.
Wolfgang Link | Dr. med. Jürgen Voll
978-3-942772-87-7 8,99 €

Low-Carb in der Schwangerschaft.
Gesundheit mit wenig Kohlenhydraten für Mutter und Baby.
Annett Schmittendorf
978-3-942772-72-3 8,99 €

Low-Carb-Feierabendküche. NEU
5 Zutaten – 15 Minuten – 40 Rezepte.
Wolfgang Link
978-3-95814-059-2 8,99 €

Low-Carb-Nudelküche. NEU
40 köstliche echte Pastarezepte mit wenig Kohlenhydraten.
Wolfgang Link
978-3-95814-047-9 8,99 €

Low-Carb für Sportler.
30 kohlenhydratreduzierte Gerichte für den Sportler.
Wolfgang Link | Dr. med. Jürgen Voll
978-3-942772-91-4 8,99 €

Low-Carb-Desserts.
40 Desserts mit wenig Kohlenhydraten.
Wolfgang Link
978-3-942772-95-2 8,99 €

Low-Carb-Pfannengerichte.
40 Rezepte für die schnelle Pfanne mit wenig Kohlenhydraten.
Wolfgang Link
978-3-942772-93-8 8,99 €

Low-Carb bei Nahrungsmittelunverträglichkeit.
30 Rezepte bei Laktoseintoleranz/Fruktoseintoleranz/Zöliakie.
W. Link | Dr. med. J. Voll 4,99 €
978-3-942772-74-7 ~~7,99 €~~

Low-Carb für den Hund.
Artgerechte Hundeernährung mit wenig Kohlenhydraten – Wissen, Tipps und Rezepte.
Ursula Bien
978-3-95814-011-0 8,99 €

Low-Carb vegetarisch.
40 vegetarische Rezepte ohne Fisch und Fleisch.
Wolfgang Link
978-3-95814-005-9 8,99 €

Low-Carb-Suppen.
40 Suppen und Eintöpfe zum einfachen Nachkochen.
Manuela Oehninger Suter
978-3-95814-004-2 8,99 €

Low-Carb für Einsteiger. NEU
32 Rezepte mit zahlreichen Varianten für den Start in eine kohlenhydratarme Ernährung.
Manuela Oehninger Suter
978-3-95814-048-6 8,99 €

Low-Carb kalte Küche.
40 kohlenhydratarme Rezepte ohne zu kochen.
Manuela Oehninger Suter
978-3-95814-021-9 8,99 €

Low-Carb-Aufläufe.
40 kohlenhydratarme Rezepte aus dem Ofen & Wissenswertes zu Auflaufformen.
Wolfgang Link
978-3-95814-022-6 8,99 €

Low-Carb-Backen für den Alltag.
22 kohlenhydratarme, einfache und 100% funktionierende Rezepte für Kuchen und Kekse.
Beate Strecker
978-3-95814-033-2 8,99 €

Low-Carb-Weihnachtsbäckerei. NEU
20-mal Kekse, Gebäck und Kuchen zur Weihnachtszeit.
Beate Strecker
978-3-95814-043-1 8,99 €

Low-Carb für Diabetiker. NEU
29 kohlenhydratarme Rezepte zur Blutzuckerregulation.
Wolfgang Link | Dr. Jürgen Voll
978-3-95814-045-5 8,99 €

Low-Carb-Frühstück. NEU
40 abwechslungsreiche Frühstücksideen mit wenig Kohlenhydraten.
Wolfgang Link
978-3-95814-046-2 8,99 €

Low-Carb mediterran. NEU
40 Rezepte aus der beliebten Mittelmeerküche.
Manuela Oehninger Suter
978-3-95814-055-4 8,99 €

Ketogene Ernährung

Krebszellen lieben Zucker – Patienten brauchen Fett. BESTSELLER
Gezielt essen für mehr Kraft und Lebensqualität bei Krebserkrankungen.
Prof. Ulrike Kämmerer
Dr. Christina Schlatterer | Dr. Gerd Knoll
978-3-927372-90-0 24,99 €

Ketogene Ernährung bei Krebs. NEU
Die besten Lebensmittel bei Tumorerkrankungen.
Prof. Ulrike Kämmerer
Dr. Christina Schlatterer | Dr. Gerd Knoll
978-3-95814-037-0 14,99 €

KetoKüche für Einsteiger: Rezepte & Kraftshakes.
50 ketogene Rezepte, die schmecken.
Dorothee Stuth | Ulrike Gonder
978-3-942772-42-6 14,99 €

KetoKüche zum Genießen.
Mit gesunden Gewürzen und Kokosnuss. Über 100 ketogene Rezepte für Genießer.
Bettina Matthaei | Ulrike Gonder
978-3-942772-44-0 19,99 €

KetoKüche mediterran. NEU
90 kohlenhydratarme Gerichte rund um das Mittelmeer.
Bettina Matthaei | Ulrike Gonder
978-3-95814-044-8 19,99 €

Stopp Alzheimer! JETZT ALS PAPERBACK
Wie Demenz vermieden und behandelt werden kann.
Dr. Bruce Fife 20,00 €
978-3-942772-86-0 ~~24,99 €~~

Stopp Alzheimer! Praxisbuch.
Wie Demenz vermieden und behandelt werden kann. Mit zahlreichen Rezepten, Mental-Test sowie Warenkunde und Kohlenhydrattabellen.
Dr. Bruce Fife
978-3-942772-27-3 12,99 €

Die Anti-Alzheimer-Diät. NEU
Alzheimer und Demenz einfach wegessen – oder: Wie die Ernährung vor Alzheimer schützen kann.
Dr. Peter Heilmeyer | Ulrike Gonder
978-3-95814-070-7 15,99 €

Das angesagte, Ernährungsthema im systemed Verlag: Gezielt essen bei Krebserkrankungen, Alzheimer und Demenz mit ketogener Ernährung.

Das Beste aus der Kokosnuss.
Natives Bio-Kokosöl und Bio-Kokosmehl.
Ulrike Gonder
978-3-942772-56-3 4,99 €

Kokosöl (nicht nur) fürs Hirn!
Wie das Fett der Kokosnuss helfen kann, gesund zu bleiben und das Gehirn vor Alzheimer und anderen Schäden zu schützen.
Ulrike Gonder
978-3-942772-38-9 5,99 €

Positives über Fette und Öle.
Warum gute Fette und Öle so wichtig für uns sind.
Ulrike Gonder
978-3-942772-57-0 4,99 €

Alle 3 Bücher im Paket
978-3-942772-55-6 12,00 €

KetoKüche kennenlernen.
Die ketogene Ernährung in Theorie und Praxis.
Ulrike Gonder | Anja Leitz
978-3-942772-80-8 8,99 €

Praxisbroschüre Rezepte zur Unterstützung einer ketogenen Ernährung für Krebspatienten.
Prof. Ulrike Kämmerer | Nadja Pfetzer
(erhältlich nur beim Verlag) 6,90 €

systemed verlag

Impressum

REDAKTION:
systemed Verlag, Lünen
systemed GmbH, Kastanienstr. 10, 44534 Lünen

FOTOGRAFIE:
Bettina Meiselbach, Carsten Meiselbach, www.happycarb.de
Brigitte Sommer (Umschlagrückseite, Seite 2, Seite 19)
Studio Reiner Schmitz, München (Titelbild)

GESTALTUNG, ILLUSTRATIONEN, SATZ:
rosavision, Simone Ruths, www.rosavision.de

ILLUSTRATIONEN:
"BETTI": Signyra, www.signyra.com
IStock, Seite 32-33

UMSCHLAGGESTALTUNG:
Marcus Taeschner, Simone Ruths

DRUCK:
Florjančič Tisk d.o.o., Slowenien

ISBN:
978-3-95814-075-2

1. Auflage